»Ludwig Ganghofer ist ein ganz nichtsnutziger, überaus träger und leichtsinniger Schüler«, schrieb ihm ein Lehrer aus Neuburg an der Donau ins Zeugnis. Ganghofer aber hat ihn eines Besseren belehrt: Mit 25 Jahren promovierte er, und im gleichen Jahr wurde »Der Herrgottschnitzer« im Münchner Gärtnerplatztheater uraufgeführt. Insgesamt schrieb er 70 Romane, Schauspiele und Novellen.

Bedeutende Zeitgenossen gingen bei ihm ein und aus, und zu seinen Freunden zählten Ludwig Thoma, Peter Rosegger, Johann Strauß, Hugo von Hofmannsthal und Rainer Maria Rilke. Bei seinem Tod – er starb 1920 im Alter von 66 Jahren – ließ sich nicht ahnen, daß auch spätere Generationen seine Werke mit Begeisterung lesen würden: nicht zuletzt wegen der interessanten kulturhistorischen Aspekte, unter denen er seine Zeit, das 19. Jahrhundert, sieht und weil er als ein ausgezeichneter Erzähler auch heute noch fesselt.

Von Ludwig Ganghofer sind außerdem
als Knaur-Taschenbücher erschienen:

»Der Klosterjäger« (Band 536)
»Adlerjagd« (Band 1071)
»Bergfeuer« (Band 1072)
»Der Biberfranzl« (Band 1073)
»Gewitter im Mai« (Band 1092)
»Der Wildbach« (Band 1093)

Originalausgabe

Umschlaggestaltung und -zeichnung Wolfgang Schaub
Satz Appl, Wemding
Druck und Bindung Clausen & Bosse, Leck
Printed in Germany · 1 · 10 · 284
ISBN 3-426-01094-1

1. Auflage

Ludwig Ganghofer:
Das wilde Jahr

Eine Waldphantasie

Neu illustriert von Wolfgang Schaub

Knaur

ISBN 3-426-01094-1 580

Inhalt

Ausfahrt

Das Menschengewühl und Wagengerassel der Stadt und ihr müdes, rauchumschleiertes Leben blieb hinter uns zurück.

Ich fuhr, am letzten Morgen im Monat April, mit meiner Frau und meinen Zwillingen hinaus in den kühlen, keuschen Frühling der Berge.

Wir atmeten auf, als der jagende Frühzug, von blassen, phantastisch wechselnden Dampfgebilden umflogen, an den letzten Lagerhäusern der Stadt vorübersauste und mit einem rauschenden Eisenlied hinausglitt in das kräftig auflebende Grün der Felder und in den sprossenden Lebenstraum des Waldes.

Neben dem Zuge ging ein zauberhaftes Neigen über die spannenhohen Gräser hin, die, so jung sie waren, schon einer höheren, ihnen unerklärlichen Gewalt gehorchen mußten. Mir schoß der absonderliche Einfall durch den Kopf: welche Vorstellung sich die Gräser eines Bahndammes von einem Eisenbahnzuge machen müßten, wenn sie denken könnten? Und warum sollten sie nicht denken? Man muß ihnen nur nicht gleich die Vernunft eines Philosophieprofessors zutrauen. Ist Vernunft – sei es die höchste oder die bescheidenste – nicht eine Eigenschaft des Lebens? Und die Gräser leben doch! Denn sie blühen. Und Blüte ist Gefühl der Freude. Und wäre in den Gräsern nicht der Wille zu dieser Freude, sie wären nicht so töricht, eine Blüte zu treiben, zu lieben und sich zu vermehren, nur um für das Rindvieh Futter zu schaffen. Aber muß, wo Gefühl und Wille sich äußern, nicht auch Bewußtsein und Vernunft vorhanden sein? Warum sollten also die Gräser nicht denken können? Auf ihre Weise? Und wenn sie eine Art zu denken haben – welche Vorstellung machen sie sich von einem Eisenbahnzug, dessen Luftstrom ihr erschrockenes junges Leben wohlig streichelt oder schmerzhaft zu Boden drückt? Sie mögen da wohl Ähnliches denken wie manche Menschen, die hinter einem Gelenkrheumatismus den Gott vermuten, der seine Geschöpfe züchtigt, hinter dem Gewinn eines Großen Loses die zärtliche Klugheit eines gnädigen Weltenlenkers. –

Es jagte der Zug an saftig grünenden Saatäckern vorüber, auf denen die bunten, sinnlosen Lappen der Hasenscheuchen wunderlich gaukelten. Daß sich der Hase etwas denkt, wenn er vor solch einem wehenden Unsinn davonrennt, das wird auch der Weise nicht bestreiten, der die Vernunft als ein Vorrecht der Menschen zu bezeichnen liebt. Aber diese Hypothese vom geistigen Vorrang der Menschheit ist allzu subjektiv, um verläßlich zu sein. Vielleicht halten wir die Tiere nur deshalb für unvernünftig, weil sie zahlreiche Torheiten unterlassen, die der Mensch nicht vermeiden kann. Wenn ein Hase nach menschlicher Art zu denken vermag, wird er dem Menschen so etwas wie Vernunft nur dann zutrauen, wenn er ihn Rüben verspeisen und in einem Kleefeld schlafen sieht. Für den Hasen wäre also der Landstreicher der einzig vernünftige Mensch. Und ein denkender Hase muß doch auch Phantasie besitzen und transzendentale Vorstellungen haben. Vermutlich ist dann die Wildscheuche, in der Hasenreligion so etwas Ähnliches wie der Teufel, an den der Hase glaubt, nur nicht so ausdauernd, wie die Menschen an dem vor Jahrtausenden erfundenen Teufel hängen. Aus quälendem Hunger und neugieriger Überlegung, welche die Eltern aller philosophischen Errungenschaften sind, muß dem Hasen eine Epoche der Aufklärung hervorwachsen. Dann gelangt er zu der wertvollen Erkenntnis: warum die meisten und abschreckendsten Scheuchen gerade in die besten Felder gesetzt werden, auf denen der Klee am süßesten gedeiht. Und wenn sich ein freigeistiger Hase mit spöttisch zuckendem Näschen sorglos niederduckt in den Schatten solch eines überwundenen Irrtums, dessen sinnlose Lappen ungefährlich über ihm wehen, rühmt er behaglich schmausend den Segen aller wissenschaftlichen Forschung. Freilich, den Schreck vor dem Habicht und die Angst vor dem Fuchs gewöhnt sich auch der klügste Hase niemals ab. Da hilft kein Hasenverstand. Das sind dunkle Urfragen im haslichen Dasein, letzte Lebensrätsel, für deren Lösung kein Darwin und Häckel unter den Hasen geboren wird.

»Kinder«, sagte ich lachend zu den Meinen, »seht

doch: die Wildscheuche im Feld da drüben gleitet mit hölzernem Bein ins Weite, und der Hase, der da wie rasend neben dem Bahndamm herzurennen scheint, bleibt immer vor unserem Fenster und kommt nicht vom Fleck. Es ist also eine objektive Wahrheit: daß der Hase unbeweglich ist, während die Wildscheuche laufen kann. Durch Sammlung solcher Wahrheiten schwingen wir uns zu philosophischer Weltbetrachtung auf und wollen das Wesen Gottes und die Gesetze der Ewigkeit erforschen.«

Meine Frau, die gerade das Handgepäck nachzählte, hatte nicht auf mich gehört; die beiden Kinder aber sahen mich verwundert an und lächelten hilflos. Dann guckten sie wieder zum Fenster hinaus, weil es da draußen viel Schönes und Merkwürdiges zu sehen gab.

Die Bauersleute, die sich in den Feldern von der Arbeit aufgerichtet hatten, um dem Zuge nachzublicken, schienen unbeweglich im Grün zu stehen und doch wie auf unsichtbaren Räderschuhen zu laufen, mit rasender Schnelligkeit. Eine Pappelallee ging in der Ferne spazieren und begann sich zu drehen, als wollten die letzten Bäume zur Abwechslung einmal die ersten werden. Und ein Kirchturm, der über fein in Duft getauchte Baumkronen herauslugte, schien von der Lust befallen, seinem Dorfe davonzulaufen und dem Pfarrer nachzureisen, der vermutlich im Landtag saß.

»Seht doch: die Wildscheuche im Feld da drüben gleitet mit hölzernem Bein ins Weite . . .«

Jetzt stieg die Frühsonne klar herauf über einen langgestreckten Waldkamm. Ein Funkeln und Glitzern, ein leuchtendes Sichfreuen kam in alle Dinge dieses Morgens. Und da sagte mein vierzehnjähriges Mädel, mit strengem Glanz in den Augen und mit einer Falte auf der Stirne: »Man weiß doch, daß eine Wiese im Frühling grün ist. Aber wenn man hinsieht, meint man immer, das wäre eine ganz andere Farbe, eine, die viel schöner ist als alle Farben, die man kennt. Woher kommt das, Papa?«

»Dieses Leuchtende, das du nicht nennen kannst, ist die Frühlingsfreude im jungen Leben der Natur. Und ist die Jugend in den Augen, mit denen du das ansiehst.«

»Ich ...? Siehst denn *du* das *nicht* mehr?«

Meine Frau lachte. »Weißt du denn nicht, was für ein Kindskopf Papa noch immer ist? Der sieht doch alles noch mit den gleichen Augen wie vor vierzig Jahren.«

Unter einem Laut des Entzückens steckte mein Bub den flachsblonden Kopf zum Fenster hinaus. Der Zug war in eine breite Waldgasse hineingeglitten. Auf den Gräsern neben dem Bahndamm lag noch der Tau wie graue Seide. Die gleichmäßige Wand des zwanzigjährigen Fichtenbestandes dämmerte in blaugrünem Schatten. Aber die tausend feinen schlanken Wipfel, von denen sich einer an den anderen schmiegte, waren von der Sonne angestrahlt und schimmerten gleich zarten Goldkreuzen. Und da schrie mein Bub wie verrückt: »Papa, ein Reh! Ein Reh!« Und weil er einen anderen Vater, Großvater und Urgroßvater gehabt haben müßte, um in seinem jungen Blut nicht schon die Fieberfreude an der Jagd zu fühlen, fragte er natürlich: »Glaubst du, daß es ein Bock war?«

»Wie soll ich das wissen? Du hast doch mit deinem Buckel das ganze Fenster verpflastert!«

»Oh, bitte!« Über die schmächtigen Wangen flog ihm ein heißes Rot. Und er lehnte sich bescheiden in den Winkel am Fenster zurück.

Jetzt konnte ich hinausgucken. Aber wo war das Reh?

Doch wir sahen noch viele. Ruhig weidend standen sie im Grase zwischen Bahndamm und Wald, noch in ihrem grauen Winterkleide, zerzaust und mager nach allen Entbehrungen, die eine harte Schneezeit ihnen aufgezwungen. Der Hunger hatte die wilde Scheu in ihnen beschwichtigt; sie weideten und hoben gar nicht den Kopf, als die Lokomotive vorüberbrauste.

Durch schüchtern grünende Buchenwälder dampfte der Zug hinaus, in freies Gelände, und über hügelige Wiesen hinunter in das weite Seetal.

Ein silberweißer, bis in duftige Ferne gedehnter Wasserspiegel. Und in seiner Mitte war eine Stelle, die übersät schien von unzählbaren blitzenden Lichtern. Weit draußen sah man Segelbarken – wie Schwäne, die wohlig ihre Flügel in die sonnigen Lüfte reckten. Und es mußte auch schon ein Dampfschiff ausgefahren sein; denn über den Wasserspiegel zog sich eine lange Rauchfahne hin, die in der Frühsonne anzusehen war wie ein Flug von Millionen leuchtender Rosenblätter.

An beiden Ufern die grünen, fröhlichen Hügel. Mit

diesem durchsichtigen, smaragdenen Frühlingsgrün! Aus kleinen Wäldchen ragten die roten und braunen Dächer der Villen heraus. Und über den lichtgrünen Hügeln träumten die dunklen Forste – wie schwermütige Akkorde nach einem heiteren Lied. Und in der Ferne, von Sonne umduftet, von einem Traum aller Farben umwoben, grüßte ein zaubersames, silberzartes Gebilde, von dem man nicht wußte, wo es begann und wo es endete, keusch und weiß, seltsam durchwirkt von blauen Rätseln, mit dem blauen, leuchtenden Himmel verschwistert: die Berge im Schnee! – – –

Es war ein Morgen, der von Schönheit brannte. Jede seiner Farben jubelte mir ein Geheimnis in die Seele. Ich fühlte in allen Sinnen, was mein Verstand nicht erfaßte. Jeder Glanz und Sonnenblitz entzündete in mir eine sehnsüchtige Frage. Und ein Wirbel von Gedanken war in mir, ein Träumen und Ahnen, als müßte dieser Morgen mir ein Wundersames bringen, ein nie Erlebtes, ein Unerhörtes!

Die Kinder waren still geworden. Mein Bub nahm die Zwillingsschwester auf seinen Schoß. Und meine Frau legte den Arm um meinen Hals.

Noch eine stundenlange Reise durch Glanz und Frühling. Dann hielt der Zug. Lärm und Gedränge. Und dann diese stille, schöne Wagenfahrt über die steile, vielgewundene Bergstraße hinauf, vorüber an einsamen Gehöften, in denen die Arbeit noch zu schlummern schien, vorüber an schweigenden Wäldern, in denen nur die Fichte grünte, vorüber an bräunlichen Wiesengehängen, auf denen blaßvioletter Krokus, gelbe Primeln und jene kleinen, weißen, zärtlichen Sterne blühten, die einen törichten Namen tragen. Ich habe sie »Traumwittchen« getauft, nur so für mich. Manchmal hat man seine kleinen Liebhabereien.

Der frisch von den Schneebergen niederwehende Luftzug kühlte die Mittagssonne, als wir den Wagen verließen, um auf schattigem Fußpfad durch den Bergwald hinaufzusteigen.

Zur Linken des Weges rauschten die Eiswässer in tiefer Felsklamm, aus der ein zartes, bläuliches Dunsten und Dampfen sich heraufkräuselte in die Sonne. Und manchmal sah man über eine schwitzende Felswand hinunter in weißes, von purpurnem Schatten umschleiertes Gebrodel.

Zur Rechten des Pfades hob sich der gehügelte Wald, von harzigem Duft erfüllt. Unter den laublosen Buchen, an deren Zweigspitzen die Knospen erst zu schwellen begannen, war der Waldgrund rot von den welken Blättern des vergangenen Jahres. Doch hinter dem grünen Dunkel der Fichten schimmerten weiße Riesenblumen von abenteuerlichen Formen: große Schneeflecke, zu denen die Sonne noch keinen Weg gefunden. Bald hier und wieder dort der sehnsuchtsvolle Schlag einer Ringdrossel oder das träumerische Gezwitscher eines Bergfinken. Ein erster Schmetterling – ein Trauermantel, der den Winter überstanden – gaukelte eine Weile vor uns her, mit ungeschicktem Flug, als hätte er noch was Starres in den Flügeln. Um zu rasten, ließ er sich auf einen Felsblock nieder. Ganz nahe kamen wir. Und sahen, daß er in nervöser Unruh die

Fühler bewegte. Die ausgebreiteten Schwingen zitterten leis; ihre schönen Farben waren beschädigt, und aus einem der Flügel war ein Stück herausgerissen – wohl vom Biß einer Eidechse, die nach diesem gaukelnden Leben hungrig geworden. Ich betrachtete seine zerstörte Schönheit und beugte das Gesicht immer näher. Doch als der Falter meinen Atem fühlte, flog er auf, überschlug sich im Gegaukel und fiel am Wegrand in das Heidekraut, zwischen dessen Grün die Blüten leuchteten gleich roten Blutstropfen.

Mich befiel die Versuchung, diesem leidenden Leben die Ruhe zu geben. Wenn ich ein Geschöpf, sei es Mensch oder Tier, von unheilbaren Schmerzen gemartert sehe, könnte ich aus Erbarmen immer zum Mörder werden. Es ist gut, daß ich kein Arzt geworden. Da hätt' ich an manch einem gequälten und verlorenen Menschen getan, was ich dem Falter da im Heidekraut tun wollte. Doch das geschah nicht. Mein Bub schlang seinen Arm in den meinen: »Papa! Da drüben! Wie friedlich und schön das ist!«

Wir sahen ein Bild, bei dem ich an Meister Leibl denken mußte. Der würde das vielleicht gemalt haben, wenn er's gesehen hätte.

Auf einer Lichtung, über deren Grün die Sonne durch das Gezack der Fichtenwipfel mit goldigen Lichtern hereinspielte, stand ein verwittertes Kapellenhäuschen, halb in Sonne, halb im Schatten. Auf der Betbank vor dem vergitterten Altärchen kniete eine alte Bäuerin, ärmlich gekleidet, gekrümmt und mager. Der Saum des geblumten Kopftuches überschnitt ein häßliches Gesicht – und dennoch hatte das unschöne Antlitz etwas Schönes: diese still ergebene Sprache des Leidens. Und das Weiblein betete mit versunkener Andacht.

Mein Bub zog den Hut herunter.

Als die Bäuerin unsere Schritte hörte, blickte sie langsam auf und bekreuzte das Gesicht. Sich steif bewegend, setzte sie sich auf das Kniebrett der Betbank hin, rückte besser in die Sonne und legte die Hände auf die blaue Schürze.

»Mutterl, seid Ihr krank gewesen?« fragte meine Frau.

Die Alte schüttelte den Kopf. Doch mit einem Seufzer betrachtete sie ihre dürren, wachsbleichen Hände. Dann sah sie langsam in der sonnigen Runde umher und sagte: »Gelt, heut habt's es guat derwischt! Weard wohl fein sein, heut, der Tag!« Ihre Stimme klang müd und bitter. Aber man merkte: sie wollte etwas Freundliches sagen. Dabei streckte sie die krämpfigen Hände vor, damit sie ganz in der Sonne wären.

Wir wanderten weiter durch den von Duft erfüllten und vom flötenden Drosselschlag belebten Wald. Und mein Mädel, das einen großen Strauß von roten Erikablüten gesammelt hatte, sah mich an: »Papa, warum bist du so still?«

»Weil ich an einen Schmetterling denke.«

Da klang das Jauchzen meines Buben. Der war zum Waldsaum gekommen und hatte den freien Blick in die Berge begrüßt. Auf dem Waldrain, der von Erikablüten feurig brannte, ließen wir uns nieder.

Zwischen den dunklen Mauern der steigenden Fichtenwälder sah man hinaus in die blaue Weite des stundenlangen Hochtales. Große Wiesenflächen, die noch kaum einen lichten Schimmer hatten, wechselten mit kleinen Feldgehölzen, aus deren bräunlichem Grün die schlanken Birken herausleuchteten wie silberne Merkpfähle. Schwärme von Krammetsvögeln flogen ruhelos von den Wiesen auf, verschwanden im Walde, kamen aus den Gehölzen wieder herausgeflattert und schwebten wie kleine Wolken rötlicher Blätter auf die Wiese hin. Der einzige Laut in dieser Stille war das Rauschen der wasserreichen Ache.

Nirgends war ein Haus zu sehen. Ein dunkler Waldriegel verdeckte das entfernte Dorf, von dem nur der glimmernde Kirchturmknauf herauslugte über den Wipfelkamm des Waldes. Wo diese kleine, vergoldete Kugel funkelte, war etwas in dem Bilde wie ein geheimnisvoller Mittelpunkt, wie ein Zauberbrunnen, aus dem mit leuchtenden Farbenstrahlen und in wundersam geschwungenen Linien alle Schönheit der Ferne emporstieg in die blauen, sonnigen Lüfte. Hunderte von steilen Waldgraten, einer neben und hinter dem anderen, schwangen sich aus dem unsichtbaren Talkessel in die Höhe – tief grün der erste, und der fernste von duftigem Blau – und je höher sie stiegen, desto zarter wurden sie in der Farbe, bis ihr Grün und Blau sich verwandelte in ein silbernes Grau, in ein blühendes Weiß. Und wo es so weiß und gleißend schimmerte, stieg aus Fichtengehängen und Latschenfeldern das steil getürmte, von Schnee umgossene Felsgebirge, das Zinne hinter

Zinne, in die Ferne hinauszog mit einem Glanz, den das Auge nicht lang ertrug. Diese rein gegossenen Schneeflächen brannten von Sonne und flammten in einem weißen Feuer, daß der schauende Blick Erholung suchen mußte in der milden Farbentiefe der Wälder. Und hatte er sich ausgeruht, so hob er sich in Sehnsucht wieder zu diesem weißen Leuchten, in dem etwas Kaltes war bei aller Glut, etwas Hartes und Starres unter allem mildernden Duft der Ferne, etwas feindselig Wehrendes bei aller lockenden Schönheit.

Ich sprang aus dem blühenden Kraut. Das brennende, kalte, wehrende, lockende Bild dieser fernen Schönheit im Schnee da droben hatte eine Ungeduld in mir entzündet, daß ich mit dem Kutscher, als wir wieder im Wagen saßen, in ein erbittertes Wortgefecht geriet, weil er die Gäule schlafen ließ, statt sie laufen zu machen. Und als wir das Dorf erreichten und mein Jäger vor dem Wirtshaus mit freundlichem Gruß zum Wagen hertrat, fragte ich gleich: »Festl? Können wir heut noch hinauf?«

Der Sylvest lächelte in seiner widerspruchslosen Art. »Bal S' d' Nacht net scheichn? Is allweil besser, mier san in der Fruah scho droben. Und morgen schiaßen mer an Hoh(n)! Der hat seine fünf gschaarten Federn . . . dö san wia em Teifi seine Hörndln. Und falzen tuat'r wia narrisch.«

Um den Hahn war's mir nicht, sondern um die Nacht da droben im Schnee, um den Morgen in seinem weißen, eisigen Feuer! Aber dem Festl flüsterte ich zu: »Sag meiner Frau nicht, daß wir im Schnee übernachten müssen! Sag nur, da droben stünde eine Jagdhütte mit gutem Ofen!«

Der Sylvest schmunzelte. »Freili, d' Frau is allweil a bisserl ängstle. Aber *gar* so guat weard'r net sei(n), unser Ofen heut nacht.«

Meine Frau beredete inzwischen mit der Kellnerin den Speisezettel für die verspätete Mahlzeit.

Es wurde gemütlich in der Stube. Und während wir aßen und schwatzten, lag die Sonne so schön über den Fenstergesimsen, daß sich der Adlerflaum auf den grünen Hütchen meiner Kinder fein in der Wärme zu bewegen begann. Das ist ein merkwürdiges Ding: solch eine tote Feder, die in der Wärme aufzuleben scheint und ihre weißen Flaumfäden bewegt, als wäre ein Gefühl von Wohligkeit in der vertrockneten Seele ihres Kiels. Alles tot Erscheinende hat etwas Unsterbliches in sich. Und ich bin so töricht, zu glauben: daß diese scheinbar toten Flaumfedern in der linden Fensterwärme sich träumend der stolzen Sonnenflüge erinnerten, die sie einst mit dem Adler machten, auf dessen Leib sie ihr Leben lebten.

Den Adler, dessen Flaum meine Kinder auf ihren Hütchen trugen, hatte ich mit einer Kugel aus der Luft herunter geholt; und zwei Junge hatte ich aus dem Horst genommen; das eine hab ich aufgezogen und hab es so reichlich gefüttert, daß es sich zu einem mächtigen Vogel auswuchs. Aber dieser ausgewachsene Adler nahm die üble Gewohnheit an, bei Nacht im Käfig so fürchterlich zu schreien, daß wir im Jagdhaus nimmer schlafen konnten. Nur bei Tag, wenn die Sonne durch das Drahtgitter zu ihm hineinschien, war er still, saß auf der Stange, machte mit dem Kopf ganz merkwürdig tauchende Bewegungen und guckte mit seinen blitzenden Augen immer in die Sonne. Sobald aber die Sonne niederging, begann er dieses ohrzerreißende Schreien. Das war nicht auszuhalten. Drum mußte er sterben. Damit wir schlafen konnten!

Auch mit seinem Horstbruder hat sich etwas Merkwürdiges ereignet. In meiner Freude über die glückliche Adlerjagd hatte ich jedem der beiden Jäger, die mir dabei geholfen haben, zehn Gulden geschenkt. Nun sollten sie die zwei jungen Adler, die ich lebendig aus dem Horst genommen, die fünf Stunden bis ins Jagdhaus tragen. Auf dem Wege fanden sie eine Sennhütte, in der man roten Tiroler für die Touristen verzapfte. Und da tranken sich die beiden Jäger von meinem Trinkgeld so toll und voll, daß sie auf dem Weg zum Jagdhaus ihre trunkenen Purzelbäume schlugen. Den Jägern ist dabei nichts geschehen. Aber am nüchternen Morgen merkten sie, daß von den beiden jungen Adlern der eine lebendig war, der andere tot, erdrückt. Und da führten die Jäger vor mir den Streit der beiden Mütter bei Salomo auf: jeder von den zwei Jägern behauptete: der Adler, den *er* getragen hätte, wäre der lebendige. Ich bin nicht so weise, wie Salomo war, und drum konnte ich kein Urteil fällen, das sich die Unsterblichkeit verdiente. Der lebendige Adler kam in den Käfig und lernte jenes Schreien nach der Sonne; der totgedrückte wurde in den Keller gehängt; ich hätte ihn gern ausstopfen lassen; aber das ging nicht, weil er noch nicht flügge war und weil seine halb geschobenen Federn noch in den Spulen saßen. Acht Tage später kam die Jagdhausköchin und sagte: »Herr Dokter, jetzt muaß dös Viech aber furt aus'm Keller!« Also kam es fort. Aber ich machte dabei die merkwürdige Beobachtung, daß auf dem toten Adler, seit er im Keller gehangen, die jungen Federn noch halbfingerlang aus den Spulen herausgewachsen waren. Seit damals glaube ich daran, daß die Federn auf dem Körper eines Vogels ihr eigenes Leben haben.

Am Tisch war es heiter geworden, während in der sonnigen Fensternische der Flaum der Adlerfedern seine leisen Bewegungen machte.

Der Festl hatte immer gleich wieder ein leeres Glas. Und meine Frau mahnte: »Halten Sie sich ein bisserl zurück, Festl! Ihr beide müßt heute noch hinauf in die Jagdhütte.«

Bei dem Wort »Jagdhütte« fing der Sylvest so furchtbar zu lachen an, daß ihm meine Frau für den Rest der Mahlzeit das Weinglas nicht mehr füllte.

Ich sagte einmal: »So schenk doch dem Festl ein!«

Aber meine Frau erwiderte ernst: »Der muß dich doch führen!«

Bis wir den Kaffee getrunken hatten, war es vier Uhr nachmittags geworden, und ich rüstete mich zum Bergstieg.

»Toan S' Eahna fei warm anlegen!« flüsterte mir der Festl zu. »D' Nacht da droben weard saumaßi kalt.«

Ich streifte die Schneidertünche des Kulturmenschen ab, schlüpfte in das grobe Wollzeug des Bergjägers und nahm die Büchse aus dem Futteral. Als ich marschfertig in den Hof trat, stand der Festl vor der Haustür, mit einem dickgemästeten Ungeheuer von Rucksack auf dem Buckel.

»Festl? Was hast du denn da?«

»Was mer die gnädig Frau alles einpackt hat! Daß dem Herrn nix abgeht! Schokoladi und Opiumtropfen san aa drin. Da kon's jetzt gehn, wie's mag! Grob oder fein! D' Frau hat an alles denkt.«

Da gab's keinen Widerspruch. Wenn ich im Sorgenherzen meiner Frau keinen Verdacht wecken wollte, mußte der Festl diese zwanzig Pfunde auf seinem Rükken eine Weile schleppen. »Droben beim Leitnerbauer können wir den Rucksack einstellen!« flüsterte ich dem Jäger zu. Und da begannen dem Festl die nußbraunen Augen so merkwürdig zu leuchten, daß ich an das schmucke, runde Mädel denken mußte, das ich im Leitnerhofe schon ein paarmal gesehen hatte. »Festl? Holla? Mir scheint, da brennt's unter dem Dachstuhl?«

Er lachte, daß ihm die starken, weißen Zähne zwischen den bärtigen Lippen herausblinkten.

Wir wanderten los, durch das lange Dorf hinaus, ich in gemächlichem Schritt zwischen den plaudernden Zwillingen, und meine Frau voran mit dem Festl, der »für die Jagdhütte« noch allerlei Ratschläge bekam: wie der Tee aufzugießen wäre, damit er nicht bitter würde – und daß der Festl sich vor dem Schlafengehen noch überzeugen sollte, ob das Ofentürchen gut geschlossen und die Klappe richtig gestellt wäre. An diese letztere Vorschrift knüpfte meine Frau eine längere

Auseinandersetzung über die unliebenswürdigen Eigenschaften des Kohlenoxydgases.

Der Festl beruhigte sie: »Da haben S' koa Surg, gnä Frau! An Oxyd kriagn mer koan, den merkt ma scho, bal'r zum stinken anhebt.

»Aber wenn man in der Hütte schläft . . .«

Wieder schmunzelnd, guckte der Jäger über die Schulter nach mir zurück. »No, gar so viel schlafen wear i wohl *net* heut nacht! Da will i scho aufpassen auf'n Herrn.«

Meine Frau schien beruhigt. Wir wanderten schweigend durch den schönen Frühlingsabend.

Vor uns die sinkende Sonne, die den schwarzen Kamm eines fernen Waldes schon berühren wollte. Warmer Goldglanz lag über das lenzatmende Tal gegossen, und kühler Purpurschimmer träumte um die schneebedeckten Höhen. Ein Bach, auf dessen Wellen die Sonnenreflexe wie goldene Bälle tanzten, rauschte seine gleichförmige Melodie; und bog er vom Wege fort, so daß sein Rauschen sich dämpfte, so hörte man das Gezwitscher der Meisen und den Schlag der Ringdrossel.

Der Wald begann. Ein frostig hauchender Schatten fiel über uns her.

»Da wird es zu kühl für die Kinder«, sagte meine Frau, »wir müssen umkehren.«

Wenn ich von den Meinen Abschied nehme – und gilt es auch nur die Trennung für einen Tag, für eine kurze Nacht –, so kommt immer ein Augenblick, in dem es mich wie kalte Ahnung durchzuckt: irgend etwas geschieht mit mir, und unser schönes Zusammenleben zerreißt mit dieser Stunde! Dieser Gedanke gibt meinem Abschied immer eine unersättliche Zärtlichkeit.

Aber nie noch war dieses Ahnen und Mahnen so stark in mir gewesen wie bei *diesem* Abschied, als ich die Meinen am Waldsaum umarmte, in diesem kaltblauen Abendschatten, der frostig über uns herhauchte.

Schon war das letzte Wort gesprochen. Aber ich zögerte noch. »Bleibe«, schrie es in meinem Herzen, »geh *nicht!*«

Ärgerlich über diese wühlende Torheit in mir, schob ich mit dem Ellenbogen die Büchse hinter den Rücken und sprang über die Straße hinaus und einem Fußweg zu, auf dem der Festl schon vorausgegangen war.

Als ich mich umkehrte, war schon der abenddunkle Wald um mich her, und ich sah die Meinen nimmer.

Etwas, wie eine stählerne Klammer, spannte sich um mein Herz.

Aber da fing der Festl, der beim Steg am Bache auf mich gewartet hatte, sein lustiges Schwatzen an.

Und die Wasser da drunten in der Felsschlucht rauschten und trommelten und brausten.

Der Steg schwankte, als wir hinüberschritten, und aus der Schlucht dampfte grau ein zarter Nebel herauf.

Ein schmales, goldflimmerndes Lichtband der Sonne zuckte noch schräg durch eine Lücke der Wipfel. Dann dieser tiefe, stille, kalte Schatten. Und über steile Serpentinen begannen wir den Aufstieg.

Eine Weile spürte man keinen Hauch im Walde. Dann plötzlich strich über das Gehäng ein kräftiger

Luftstrom herunter, der etwas Föhniges und Schwüles hatte. Und dieser laue Windhauch trug mir einen wundersamen Duft entgegen. Erst meinte ich: das wäre der Wohlgeruch der gelben Bergaurikeln, die dort oben auf sonnigen Gehängen schon zu blühen begannen. Aber die Aurikel duftet anders. Der Wohlgeruch, der mir so schwül entgegenwehte, hatte etwas Fremdartiges und Unerklärliches, etwas Herbes und dennoch schwül Berauschendes.

In alle Sinne fuhr mir das – wie eine Lockung, die ich nicht zu deuten wußte.

Und weil sich jeder Anreiz meiner Nerven immer gleich in gaukelnde Bilder verwandelt, hatte ich die visionäre Vorstellung: irgendeine der geheimnisvollen Tiefen der Bergnatur hat sich aufgetan, ein Atemzug ihres rätselhaften Lebens ist bis zu mir gedrungen – und ich gehe da irgendeinem Wunderbaren entgegen, wie es außer mir noch nie ein Mensch erlebte.

Wie seltsam! In der duftenden Schwüle, die mich umwehte, rann mir ein Frösteln über die Schultern.

Und was in mir zu zittern begann – das war wie Todesahnung! Wie das Vorgefühl: dort oben erwartet dich etwas Schauerliches und Grauenvolles.

Ach, Torheit!

Was mich dort oben erwartete, war eine herrliche Frühlingsnacht im Schnee der Berge und unter den funkelnden Lichtern der Ewigkeit.

Walpurgisnacht

Wir stiegen und stiegen. Immer steiler wurde der dämmerige Waldweg.

Manchmal, wenn der Wald schluchtig wurde, gerieten wir in Schnee. Oft brachen wir ein bis an die Hüften herauf.

»Droben auf der Leiten weard's scho wieder besser!« tröstete der Festl. »Da hat d' Sunn den ganzen Schnee scho gfressen.« Und als wir wieder einmal rasteten, sagte er: »Daß 's heut gar a so schwüal macht? Kunnt sein, daß mer an Föhn kriagn. Dös waar zwider. Frieren taaten mer freili weniger in der Nacht. Aber mit'm Hoh(n)falz hätt's den Teifi. A gspaßigs Viech, so a Hoh(n)! Unseroans is zum Gspusi allweil um so liaber aufgelegt, wia wärmer als ma's hat! Aber so a Hoh(n)! Dem weard's Hearzl allweil am hoaßesten, bal der Schnee glitzt vor lauter Kälten. Da kunnt ma glaubn, daß d' Liab bei uns Menschenleut ebbes anders waar, als wia bei die Viecher. Aber i woaß net ... sunst find i koan rechten Schiedunter. A Hirsch, a Gams, a Füchsl, a Spielhoh(n) oder a Bua ... bal ma dürsti weard aufs Weiberl, macht halt a jeds die gleichen Sprüng.«

Wir hatten eine freie Kuppe erreicht, auf der sich gegen Westen ein weiter Ausblick über das langgestreckte Waldtal öffnete. Und da zeigte sich ein wundersames Naturbild, das meine Blicke fesselte. Die Sonne war schon gesunken. Doch der westliche Abendhimmel brannte zwischen den blaugrün überhauchten Schneezinnen in zitronengelbem Feuer. Und wie ein gewandter Raucher eine lange Kette zarter Ringelchen vor sich hinbläst, so hauchte die westliche Tiefe kleine, kugelige Wölkchen über den glühenden Himmel herauf. Wenn sie erschienen, waren sie grau, jedes mit einem karminroten Glutstreif gesäumt. Aber je höher sie schwebten, um so mehr floß dieser leuchtende Rotglanz über die ganzen Wölkchen hin, so daß sie schließlich wie fliegende Feuerflocken anzusehen waren.

Während ich stumm hinaufblickte zu diesem schimmernden Abendwunder der Lüfte, sagte der Festl mit einer Beklommenheit, die sich an diesem gesund ausgewachsenen Menschen drollig anhörte: »Sakra Teifi! Es weard doch ebba 's wülde Gjaid net ausfahren heut in der Nacht?«

Die schöne Stimmung des Augenblicks zerfloß mir. »Aber! Festl! Das kann doch nicht dein Ernst sein? An solchen Unsinn glaubst du doch hoffentlich nicht?«

»Lassen wir's gut sein! Über so was mag i net spötteln!« Sich bekreuzend, tappte er weiter. »Hoffentle kriagn mer a friedsame Nacht da droben.«

Wir hatten nur eine kurze Waldstrecke noch zu durchwandern, um die Hochwiesen des Leitnerhofes zu erreichen.

Da hörten wir das Geklapper eines Schrittes auf kleinem Geröll. Wir blieben stehen, guckten und horchten. Im Dunkel des Waldes tauchte die schwarze Silhouette eines alten, gebeugten Weibleins auf. Als die Alte uns stehen sah, schien sie seltsam verwundert zu sein.

»Guaten Abend!« grüßte der Jäger.

Und die Alte fing zu kichern an, als hätte für sie dieser ernste Gruß etwas Komisches. »Ui jegerl, der Sylvest!« klang es lustig, mit dem Gemummel eines zahnlosen Mundes. »Tummel di, Bua! Heut kummst wia gwunschen!« Wieder kichernd, humpelte das gebeugte Weiblein durch den Wald hinunter. Und war verschwunden.

»Was is denn jetzt dös für oane?« sagte der Festl. »Und was für a Zuig für a narrets dö dahergredt hat! Und dös Glachter, dös schepprige ...! Teifi, Teifi, dö gfallt mer net ...! Was muaß denn dös für oane sei(n)? Zum Leitner gheart's net eini. Da haben s' lauter junge Leut unter Dach. Die Bäuerin is gsturben vor dritthalb Jahr. Und 's Linerl is earst zwoa Jahr aus der Feiertagsschul ...! Dös Weibsbild muaß a Fremde sei(n)! Und was suacht denn a Fremde bei der Nacht auf der Leiten heroben ...? Teifi, Teifi! Dö gfallt mer net.«

»Aber Festl! Das kann doch keine Fremde sein. Sie kennt dich doch. Und hat dich beim Namen genannt.«

»So oane woaß alls! Heut is die richtige Nacht für so was. Bal oane fahrt, fahrt s' *heut!*«

»Festl? Hast du einen Schluck über den Durst getrunken?«

»Sö müassen ja wissen, was i gschluckt hab! Sö ha-

ben's ja zahlt. Vier Schöpperln! Na, na! Da bin i so nüchtern, daß i kumlizieren kunnt ...! Aber lassen mer's guat sein! Sö san a studierter Herr. Dö wissen alls! Im letzten Summer is aa so oaner dagwesen mit vier Augen. So a Moaster Botanikus mit der greanen Blechbüchsen. Alle Stäudln hat'r abitragen vom Berg. Und auf der Höferalm, hinter der Sennhütten, hat'r a kloawunzigs Kerschbampflanzl gfunden. Und dem Förstner hat'r verzählt, es müaßt a Sturmwind den Kerschkern 600 Meter auffitragen haben von der Ortschaft bis auf d' Alm. Der Förstner hat glacht. Und der Moaster Botanikus hat die ganze Sach haarkloan einigschrieben in sein Büachl. Ja ...! Der Höferer Hüaterbua hätt's eahm sagen kinna, wia's zuagangen is, daß auf der Höferalm a Kerschbaum hat wachsen mögen!«

Wir hatten den offenen Wiesenhang erreicht. Und der Festl deutete mit dem Bergstock zum dämmerig erblassenden Himmel hinauf.

»Schaugn S' auffi! Wo san s' denn jetzt, Enkere unschuldigen Wölkerln?«

Das war nun wirklich seltsam! Von jenen langen Kolonnen der mit Glut gesäumten Wölkchen war kaum noch ein Hauch in den Lüften zu sehen. Nur ein paar zarte Nebelbänder zogen sich durch den matten Glanz des Himmels und zerflossen spurlos in Luft.

Ein erster Stern begann zu flimmern, fein wie die

Im Dunkel des Waldes tauchte die schwarze Silhouette eines alten, gebeugten Weibleins auf.

Spitze einer Goldnadel. Und der Nachtwind hauchte kühl von den stahlblauen Schneefeldern herunter.

»Bal mer koan Sturm net kriagn, haben mer Ruah heut nacht!« sagte der Festl. »Und 's Gjaid is hingfahren, i woaß net wo! Aber wann 's ebba umkehren möcht, so taat's der Sturm zeitli anmelden, daß mer uns richten kinna.« Während er auf die grauen Wiesen hinausschritt, blickte er über die Schulter zum Wald hinunter. »Dö hat mer net gfallen. Kunnt si leicht versprengt haben von der Fahrt?«

»Aber Festl? Hör doch endlich auf mit diesem unsinnigen Geschwafel!«

»Unsinn . . .? Schaugn mer liaber, daß mer zum Leitnerhof ummikommen. I siech koa Liacht nimmer in die Fenster. 's Linerl weard do net am End scho liegen? Himisakra!« Er machte flinke Schritte.

Und während ich im Dunkel hinter ihm hertappte, fragte ich : »Festl? Glaubst du wirklich an Hexen?«

Eine Weile schwieg der Jäger. »A so a Frag! Dös kummt mer für, wia wann mi oaner fragen taat, ob i ans Brot glaab . . . wann i grad gessen hab!«

»Hast du denn schon eine Hexe gesehen?«

»Dö da drunt waar net die earste. Bei mir dahoam in der Schwarzenau is oane gwesen. Dö hat ma d' Muchenanderliesl* ghoaßen. So a Weibsbild so a gspaßigs. An Schnauzer hat's ghabt als wiar a Wachtmoaster. Alle Tag hat sie dös Weiberleut rasieren müassen. D' Leut sagen, von die Teifisbusserln taaten d' Haar a so wach-

* Elisabeth, die Tochter des Nepomuk Andreas

sen. Und a Hebamm hat s' gmacht, d' Muchenanderliesl. Und wia von meine vierzehn Gschwister s' jüngste auf d' Welt kumman is ... selbigsmal bin i scho fufzehn Jahr alt gwesen ... da hat mi der Vater um d' Muchenanderin gschickt. A Dunnerstag is gwesen, a ganz a richtiger Werktag. Und wiar i abikumm zur Muchenanderliesl und einischau in d' Stuben, is koa Mensch net da. ›Höi! Muchenanderin!‹ schrei i allweil. Aber nix rüahrt si im Haus. Und auf der Ofenhöll haben drei schwarze Katzen gschlafen. ›Na‹, denk i mer, ›da gehst!‹ Aber wiar i scho außi will zum Haus, kummt d' Muchenanderliesl grad von der Kellerstiagen auffi. Und weißwollene Handschuah hat s' anghabt.« Der Festl verstummte.

Ich wartete immer auf die Fortsetzung dieser absonderlichen Geschichte. Aber der Jäger sagte kein Wort mehr. Endlich fragte ich: »Nun? Und?«

Langsam drehte der Festl das Gesicht. »Dös weard wohl gnua sei(n)! Weißwollene Handschuah! In der Kellergruaben! An em Werktag! Und *so* oane! Und wiar i hoamkumma bin, hat der Vater um d'Hebamm liaber zwoa Stund nach Bärwies ummigschickt! ... Himiteifisakra!« Dieser Fluch galt aber nicht der Muchenanderliesl, sondern der verschlossenen Haustür am Leitnerhof. Doch flink hatte der Festl auch den matten Lichtschein gewahrt, der hinter der Hausecke um die noch unbelaubte Hecke zitterte. »Gott sei Lob und Dank! 's Linerl hat no Liacht in der Kammer.«

»Ihr Kammerfenster kennst du also?«

»Bal der Menschen Augen hat, schaugt'r si d'Welt

halt a bißl an. Aber *denken* brauchen S' Eahna nix! So weit bin i no net mit'm Linerl.« Er setzte den schweren Rucksack auf die Hausbank. »Da! Suachen S' außi, was mer droben beim Fuier brauchen! Derweil sag i's der Linerl, daß s' den Rucksack einiholt ins Haus.«

Er verschwand um die Ecke, während ich die Rotweinflasche und den Wettermantel aus dem Rucksack herauskramte. Das war bald geschehen. Und weil der Festl nicht kam, ging ich ihm nach um die Hausecke und sah ihn vor einem kleinen, rot erleuchteten Fenster kauern. Der Grasboden dämpfte meinen Schritt. Und der Festl hörte mich nicht kommen. Er guckte in die Kammer, wie ein Büßender ins Himmelreich. Über seine Schulter konnte ich in die kleine, helle Stube sehen – und sah ein aufgedecktes Bett mit rot und blau karierten Kissen, ein Ungeheuer von weißem Ofen, auf der Ofenbank einen Leuchter mit brennender Kerze und mitten in der Stube eine junge, mollige Dirn in langem Hemd, über das die schwarzen Zöpfe wie zwei dicke Kohlenstriche hinunterliefen. Das Mädel stand mit dem Rücken gegen das Fenster. Und plötzlich machte die blinkweiße Nachtwandlerin eine groteske Bewegung – als möchte sie Cancan tanzen oder sich mit der großen Zehe hinter den Ohren kratzen. Das Hemd pluderte, und etwas Schwarzes kam über den Kopf des Mädels gegen uns herübergeflogen und fiel mit schwerem Klatsch auf die Dielen. Flink wie ein Wiesel drehte sich das Linerl um – sah am Fenster das Gesicht des Jägers, tat einen gellenden Schrei, fuhr wie irrsinnig auf den Ofen zu und pustete das Licht aus.

Das rote, helle Fenster war ein schwarzer Fleck geworden. Und aus der finsteren Stube konnten wir noch das Ächzen der Bettlade hören.

Ganz leise lachte der Festl – und in diesem feinen Lachen war die Freude eines Glücklichen. Dann pochte er ans Fenster. »Linerl! Auf der Hausbank liegt a Rucksack! Gelt, bist so guat und holst'n eini? Morgen in der Fruah kumm i nacher.« In der Stube kein Laut. Und der Festl wollte gehen. Jetzt sah er mich erst. Er schien es mir nicht übelzunehmen, daß ich dieses weiße Nachtgeheimnis mit ihm teilte. Denn er lachte wieder und zog mich um die Ecke.

Bei der Hausbank fragte ich: »Glaubst du denn, daß sie verstanden hat, was du da getuschelt hast?«

»Dö hat zwoa Ohrwascheln wiar a Mäuserl!« Er nahm meinen Wettermantel über die Schulter. »Jetzt aber flink! Anderthalb Stünderl haben mer no auffi.«

Der ganze Himmel funkelte von Sternen. Und die Frühlingsnacht war so kalt geworden, daß der Wiesboden, über den wir hinaufstiegen, zu gefrieren begann.

Noch ehe wir den Wald erreichten, hörten wir drunten in der Finsternis das Quieksen der Haustür. »Gelt? Auf Enkern Rucksack fallt heut in der Nacht koa Reif.« Dann erinnerte der Festl mit keinem Worte mehr an das weiße Bild, das wir durch das kleine Fenster belauscht hatten. Doch immer schwatzte er, während wir durch den dunklen Wald hinaufkletterten. Es war wie das übermütige Wortgesprudel eines Menschen, der bei guten Flaschen saß, noch nicht berauscht ist und doch schon spürt, daß ihm die Sinne wirbeln.

Von aller Trunkenheit ist Freude und zärtliches Hoffen die schönste. Und diese Trunkenheit ist schöpferisch.

Sonst war der Festl gerade kein übermäßiges Kirchenlicht. Ein gesunder, grad zugreifender Bursch. Aber während wir da hinaufklommen durch den finsteren Fichtenwald, sagte er so kluge und fein empfundene Worte, wie ich sie vom Festl noch nie gehört hatte.

Ich konnte mir dieses Lebenswunder, das im Festl wirkte, ungefähr zusammenreimen. Er ist dem molligen Linerl schon lange gut gewesen, doch über das erste Geplänkel noch nicht hinausgekommen. Und da führte ihn ein glücklicher Zufall an das rote Fensterchen, just in dem Augenblick, in dem das Linerl, dessen Herzl wohl auch schon ein bißchen warm geworden war, eine Frage an die Zukunft richten wollte und den Pantoffel warf. Und als das Mädel sich umdrehte, um zu sehen, wie der Pantoffel fiel, lachte an der Fensterscheibe das heiße Gesicht des Festl. Und nun ist die Sache mit den beiden fertig. Gegen den Spruch der Walpurgisnacht gibt es keinen Zweifel. Das weiß der Festl, und drum kann er froh sein und aus dem trunkenen Wirbel eines sicheren Glückes so feine Dinge herausschwatzen, wie sie keine andere, nüchterne Stunde des Lebens in seinem bescheidenen Gehirn erweckt hätte. Was wäre der Glaube an Gott und Teufel wert, wenn man noch Bedenken hätte, sobald von den beiden einer ein willkommenes Wort verkündet? Und für das Volk spricht der Teufel immer eindringlicher als Gott der Herr. Der Teufel des Volkes hat Hörner und einen grauslichen

Schweif, ist aber doch von jenen dunklen Mächten eine, die häufiger das Gute schaffen als das Böse. Dem wilden Gejaid zum Trotze wird sich der Festl an diese unheimliche Walpurgisnacht sein ganzes Leben lang mit Freuden erinnern.

Wir waren in Schnee geraten. Der nahm nun auch kein Ende mehr. An manchen Stellen trug er uns; dann wieder brachen wir ein, so tief, daß es einen heißen Kampf kostete, um die Beine frei zu bekommen.

Als es den Festl wieder einmal bis an den Bauch hineinriß in dieses zähe Graz, fluchte er lachend: »Himiteifisakra! Und Buttermilli, gib Fuier! Heut wußt i mer ebbes Bessers, als in der Nacht zum Hoh(n)falz auffikraxeln.«

Der Wald ging zu Ende, und es begannen die offenen, von Frühlingslawinen verschütteten Latschenfelder. Nun hatten wir auf den hartgefrorenen Schneemassen ein so leichtes Aufwärtssteigen wie über steinerne Stufen.

Wie ein stilles Wunder lag die kalte, sternblitzende Nacht über dem endlosen Schnee. Doch der Weg verlangte aufmerksame Augen. Zwischen dem hartknolligen Lawinenschnee tauchten schwarze Löcher hinunter in das Gewirr der verschütteten Latschen. Und dieses achtsame Hinspähen auf den Grund ermüdete schließlich die Augen so sehr, daß mir alle Nähe und Ferne, so oft ich den Blick erhob, unter grauen Schleiern zu fließen schien.

Etwas Ähnliches mochte auch der Festl an seinen Augen merken. Denn er brummte: »Völli blind kunnt oaner wearn!« Häufig blieb er stehen und deckte für eine Weile die Hand über die Augen. So tat er wieder einmal. Und da fing über uns in den dunklen Lüften ein wunderlicher Ton zu singen an. Er begann wie das feine Miauen eines Kätzchens, wurde wie das Schnurren eines riesenhaften Katers, wie das vibrierende Klingen einer dicken Stahlsaite, wie ein bebender Glockenton. Und während mir etwas Eisiges durchs Leben zuckte, griff der Festl unter einem stammelnden Fluch nach meinem Arm und riß mich ein paar Sprünge auf die Seite.

Nicht weit von uns ein schmetterndes Klatschen. Und wir sahen aus dem Schnee eine Funkengarbe herausfahren, wie sie aus einer Esse fährt, wenn der Schmied die Eisenstange in die glühenden Kohlen stößt.

Dann wieder die dunkle Nacht, diese träumende Stille.

Und der Festl sagte lachend: »Jetzt hätt der Teifi unser Liacht bald ausblasen!«

Ich fragte: »Hast du denn gesehen, wie der Stein geflogen kam?«

»Gott bewahr! Aber geduldi stehn bleiben kon ma ja do net. Der Mensch macht halt an Hupf in der Noat. Derwischt'r 's richtige Platzl, so kon'r von Glück sagen. Kummen S'! Mier haben nimmer weit. Da droben is an überhängets Wandl. Da hocken mer sicher. Und da hab i gestern a kammods Platzl ausgschaufelt. Und hab an Haufen Holz auffitragen, daß mer fuiern kinna.«

Ein paar hundert Schritte noch über steilen Schnee.

Und unsere Quartierstelle war erreicht. Gleich einer steinernen Muschel wölbte sich eine schwarze Felswand über einen kreisrund vom Schnee gesäuberten Platz heraus. Ein kleiner Holzstoß war da aufgeschichtet, und seitwärts im Schnee lag noch ein klotziges Gewirr von dürren Ästen und Latschenknorren.

»So, jetzt san mer da! In unserer Jagdhütten! Jetzt muaß i glei bifolgen, was mer d' Frau Dokter auftragen hat: muaß d' Stuben lüften, a Fuier machen, an Tee aufgiaßen und d' Ofenklappen richtig stellen!« Während er sich vor dem Holzstoß niederkniete und ein Zündholz anstrich, legte ich unter der Wand mein Jagdzeug ins Trockene, zog den Wettermantel an und knüpfte das Taschentuch um den von Schweiß überronnenen Hals.

Dann stand ich eine Weile mit geschlossenen Lidern, um die Augen ruhen zu lassen. Als ich sie aufschlug, züngelte unter dem Astgewirr des Holzstoßes schon ein kleines, bläuliches Flämmchen. Ich kehrte dieser erwachenden Helle den Rücken und blickte hinaus in die stille, kalte Nacht.

Wie schön das war: dieses milde, kontrastlose, blaugraue Ineinanderschwimmen aller Nähe und Ferne! Die aus den Lawinenmassen herausgreifenden Latschenzweige zeichneten absonderliche Arabesken über den Schneegrund. Und in der Tiefe flossen die blauschwarzen Wälder mit breiten Wogen hinunter gegen das dunkle Tal der Menschen und schwammen drüben ruhig wieder in die Höhe bis zu dem silbergrauen Gemäuer der von Schnee umgossenen Berge. Da drüben waren die grauen Grate, Zacken, Kuppen und Zinnen wie ein endloses Silbermeer, überwölbt von einer Wunderglocke der Finsternis und des Lichtes, umschlossen vom reinen Himmel der keuschkalten Frühlingsnacht mit ihren tausend großen und kraftvoll brennenden Sternen.

So groß und strahlend sieht ein Mensch, der nur die Nächte der dunstigen Tiefe kennt, die Sterne niemals leuchten. In klarer Nacht auf einsamer Höhe dieses glanzvolle Gefunkel zu schauen – das ist wie ein Rausch, den keine Sprache schildert. Da wird dir alles ewig Weite zu einer wundersamen Nähe. Gefühle durchschwimmen dich, so mächtig und schön, wie du sie nie empfunden. Und Gedanken durchzucken dein Hirn, so kühn und leuchtend, wie du sie nie gedacht. Unersättlich blickst du hinauf zu den hellen Feuerzeichen der Ewigkeit. Der heilige Schauer des Wunders durchfiebert dich. Und dennoch fühlst du alles Unbegreifliche als ein Leichtverständliches.

»Herr Dokter, toan S' Eahna fei net verküahln! Kumman S' her zum Fuierl!«

Das Wort des Jägers weckte mich aus dem Rausch meines Schauens. Wie ein grauenhaftes Ungeheuer gaukelte mein Schatten über die rot erleuchtete Schneefläche. Ich wandte mich um. Und sah eine rauschende Flamme hoch hinaufschlagen in die Steinmu-

Ich sah den Jäger auf der Erde sitzen, von grellroten Lichtern übergossen.

schel der überhängenden Felswand. Und sah den Jäger auf der Erde sitzen, von grellroten Lichtern übergossen, nicht einem Menschen ähnlich, sondern einem gespenstigen Wesen gleichend, das halb aus schwarzer Nacht und halb aus strahlender Glut gebildet war.

Feuer im Schnee

Es dauerte lang, bis ich meine Sinne wieder nüchtern zusammenfand und mit dem Festl schwatzen konnte. Und da kam nun bei der Rotweinflasche ein gemütliches Plauderstündchen. Das heißt, so ganz gemütlich war die Sache doch nicht. Während man auf der einen Seite vom Feuer halb geröstet wurde, schauerte in der anderen Hälfte des Lebens die Kälte der Schneenacht. Aber dieses Sitzen beim rauschenden Feuer hatte, aller Pein zum Trotze, doch viel Schönes!

Im Kontrast zu dieser lodernden Helle schien die Nacht um uns herzuliegen wie ein enges, schwarzblaues Gewölbe, durch dessen Wände kein Blick mehr hinausdrang ins Weite. Und von der Höhe fielen, gleich einem märchenhaften Regen, große, in allen Farben blitzende Diamanten herab in das Feuer, zerschmolzen mit singendem Zischen im Gewirbel der Flammen und verwandelten sich zu wunderlichen, aus weißem Dampf gebildeten Elfengestalten, die sich allen Tanzbewegungen des Feuers anschmiegten.

Taumelnde Gedanken wirbelten mir durch Hirn und Seele, während ich hineinblickte in dieses Wunderspiel des Feuers. – Dürre Äste, die da verbrennen? Wassertropfen, die der schmelzende Schnee von der Felswand niederfallen läßt? – In meinen Träumen sah ich einen leuchtenden Lebensreigen, Geburt aus Gluten, sehnsüchtiges Hassen und dürstendes Sichsuchen, harmonisches Sichpaaren der Gegensätze, siegenden Tod unter lodernden Seligkeiten und neu erflammendes Leben.

Um dieses hassende, liebende, lebende Gegaukel der fliegenden Feuergestalten spannte sich im Halbkreis der hohe Schneewall wie eine goldfunkelnde Glutmauer. In der Muschel der Felswand schimmerte das feuchte Gestein von allen Geheimnissen der Farbe, jede Linie zitterte in Glanz und jede Form erschien bewegt, als wäre auch in dem starren kalten Fels ein schlummerndes Leben wach geworden, das die Wärme fühlte, sich in Sehnsucht erschloß und in Freude zu brennen begann. Und wenn der Festl einen neuen Latschenast mit dürren Nadelzotten ins Feuer legte, wallte erst ein dicker Qualm durch die Flammen, gleich einem Vorhang, der sich vor schönen Bildern schließt; dann plötzlich war die Flamme wieder hell, und durch das lodernde Feuer wehte ein märchenhaft schönes Funkenspiel. Von den tausend Nadeln des Gezweiges, das da zu brennen begann, verwandelte sich jede in ein kraftvoll blitzendes Sternchen. Und wie in heiliger Stunde die Begeisterung mit tausend Feuerfunken durch das Leben eines zur Freiheit erwachenden Volkes fliegt – so ging der wundervolle Flug dieser in Weißglut aufbrennenden Sternchen durch die lodernde Flamme und wehte hinaus in das schwarze Blau der Nacht.

Der Festl tat einen tiefen Atemzug: »So ebbes Schöns, wia *dös* is! Toan S' mi net auslachen, Herr Dokter! Aber bal i so einischaug in a Fuierl, wia's wabert und schnauft und streckt si und freut si ... da muaß i mer allweil denken: so a Fuierl is ebbes Lebendigs. Und grad so ebbes, wia 's Fuierl, hab i einwendi in mir. Und 's Fuierl und i, mier san zwoa Brüader. Bloß daß halt a jeder a wengl anders ausschaut!«

»Und weißt du, was *ich* glaube? ... Ich glaube nicht nur wie du, daß dieses fröhlich lebende Feuer zu dir und zu mir ein Bruder geworden ist, der geboren wird, ein Weilchen sich freuen darf und sich wieder verwandeln muß in etwas anderes. Ich glaube auch, daß *alle* Dinge der Natur, ob sie uns als atmende Geschöpfe oder nach törichter Menschenmeinung als tote Klumpen erscheinen, etwas Gleiches in sich haben und treue, ähnliche Geschwister sind: mag's nun ein Volk in seinem Lande sein, oder ein Bienenschwarm in seinem Korb, ein Mensch in seinem steinernen Haus oder ein Hirsch im freien Wald, ein kreisender Stern am Himmel oder ein rollendes Sandkorn im Bache, das rauschende Wasser oder das Feuer, an dem wir uns da wärmen in der Schneenacht. Es gibt nichts Totes, lieber Sylvest! *Alles* lebt!«

Der Jäger sog an seiner Pfeife, blies einen Rauchfaden gegen die Flamme und nickte mit dem rotüberflackerten Kopf. »Ja, ja! Bal oaner einischaut in a Fuierl, da fallen eahm gern so narrische Sachen ei(n). Und ma hat a Freid dro(n)!«

Ich zündete mir an einem glühenden Zweig eine frische Zigarette an, und der Festl lullte kräftiger an seiner Pfeife, in der die duftende Glut schon auf die Neige ging. Dann plötzlich sagte er nachdenklich: »A Baaml und a Bleaml? Ei woll, da glaub i dro(n): dös muaß lebendi sein! Weil's waxen tuat und in der Fruahjahrszeit sei(n) Bluah hat. Aber so a Stoan? Der net wachst und net blüaht? Und der sie net rüahrn ko(n), wann er net gstößen weard? So ebbes ko(n) ja do koa Leben net haben?«

»Du sagst doch selber: was wächst und blüht, muß leben? Auch die Steine blühen.«

Eine Weile guckte mich der Festl beim Geflacker des versinkenden Feuers prüfend an. Dann legte er ein paar Latschenknorren über den Glutstoß. Und während die Flamme wieder aufloderte und der Flug dieser schönen, weißblitzenden Sternchen neu begann, klopfte der Jäger seine erloschene Pfeife aus und schmuggelte sich behaglich in eine breite Schrunde des überhängenden Felsens.

»Sag, Festl? Hast du nicht im vergangenen Sommer einen Bergkristall gefunden?«

»Ei woll! Und hab 'n, weil 'r so glanzi war, dahoam ins Herrgottswinkerl auffigstellt.«

»Schau, Festl, dieser glänzende Kristall war blühendes Gestein. Unzählbare Jahre hat der graue Stein gebraucht, um diese wundervolle, funkelnde Blüte zu treiben. Und während diese Blüte aus ihm herauswuchs, muß der Stein etwas Schönes und Reines empfunden haben, sonst hätte er so schön nicht blühen, etwas so Reines und Vollendetes nicht bilden können.«

»Herr Dokter!« Der Jäger zog vor der Brust den Mantel streng zusammen. »*So* ebbes Austifeltes laß i mer *net* einreden. Wann der Stoa(n) so ebbes Glanzigs aussischiabt . . . no ja, dös is halt so a Natuarkraft, wia ma sagt.«

»Naturkraft? Ganz richtig, Festl! Aber ist denn das Wachstum einer Pflanze etwas anderes, als ›so eine Naturkraft‹? Und was da in der Flamme glüht und sich bewegt?«

»No freili, ja! So a Fuierl! Dös fludert wia d'Narretei in der Menschenseel! Und a Baam und a Bleaml? Spüart d'Sunn wiar i, braucht sein Hoamstand, sei(n) Mahlzeit und sein Trunk. Und so a feins Viecherl im Wald, a Droaschtl, a Falk, a Gams und a Hirsch! So ebbes is freili lebendi, akrat wiar i. Der Pfarr sagt freili, a Viech waar ebbes anders als wia der Mensch . . . und daß bloß der Mensch an unsterblinge Seel hat. Aber i glaub's net recht. A Gams und a Hirsch muaß aa sei(n) Paradeis haben, wo's allweil Summer is, mit'm schönsten Bloamagnuß. An ungrechte Vertoalung fürs Lebendige kunnt i unserm Herrgott net zuatraun. Was a schlagets Hearzl hat, is a Herrgottskind. Hat net a jeds sein Schroa in der Liab und sein Schroa in der Noat? San s' net alle gradso aus Fleisch und Boaner gmacht wiar Ös und wiar i? Und haben s' net Bluatlauf und Hearz und Gspüarsinn? Und a rüahrsams Hirnkastl und an gsunden Verstand? I sag Eahna, d'Viecherln im Wald, dö denken oft gscheiter als wia die krankhaften und hirnverdrahten Menschenleut. Hat net an Adler die bessern Augen als i? Findt net a Hirsch in der stockfinstern Nacht sein Weg und klaubt si die gsunden Kräutln aus die giftigen aussi? Und heart net a Spielhoh(n) auf hundert Gäng a Blattl abifallen? Müassen da d'Viecherln mit ihrene schärfern Sinn net diemal gscheiter sein als wia d'Menschenleut, dö Spektifer brauchen, auf hundert Gäng koan Loaterwagen nimmer hearn und allen Dreck einifressen? Herrgottsakra! Oft scho hab i mer denkt: äugen möcht i können wiar an Adler, winden wiar a Hirsch und an Spüarsinn haben wiar a Fuchs! Nacher waar i der Gscheiteste unter die Menschenleut. Und kunnt mer ebbes derhausen. Und kunnt dem Linerl a nobels Leben hermachen.« Er kuschelte sich in seinen Mantel und lachte zärtlich. »Ob's Linerl wohl aa so viel an mi denken muaß, heut nacht?«

Nur noch das Rauschen des Feuers und das singende Geprassel der glühenden Latschenäste.

Die Märchen der tausend Nächte huschten in buntem Figurenwirbel durch meine Gedanken. Ich sah in bleicher Mädchenhand einen Zauberstab, fühlte etwas Brennendes auf meiner Stirn, als hätte man mir viele Tropfen einer heißen Flüssigkeit ins Gesicht geworfen – und ich mußte der wunderlichen und grausamen Qualen denken, die in jenen Märchen den zu Tiergestalten verwandelten Menschen angedichtet werden.

Ein Tier sein? Und dabei empfinden und denken können als Mensch? Ob das wirklich eine Qual und Marter wäre? Oder eine Freude, die sich nicht ahnen läßt? Ein Gewinn? Eine Fülle des Erkennens?

Seltsames Unbehagen überkam mich plötzlich. Es war mir, als hätte ein Unsichtbarer mit einem Stäbchen an meinen Hut getippt. – Jetzt wieder! – Ich mußte lachen. Von der Kante des überhängenden Felsens war ein Tropfen Schneewasser auf meinen Hutrand gefallen. Auch unter meinem Sitz begann es ein bißchen feucht zu werden; der schmelzende Schneewall sandte seine Sickerfäden aus; eines von diesen feinen, funkelnden Wasserschlänglein kroch sogar hinein in die Glut, fing zu zischen an, verwandelte sich in ein schlankes, sylphidengleiches Wölklein, umarmte die Flamme – und war verschwunden.

Sind nicht die Märchen der tausend Nächte aus tausend Feuern aufgestiegen, bei denen unter dem Sternenglanz der Wüste die schlummerlosen Karawanenleute kauerten, während fern der Löwe brüllte und nah im Dunkel die Hyäne schlich?

»Festl?«

». . . Was?« Er schien bereits ein Nickerchen gemacht zu haben.

»Möchtest du ein Tier sein? Ein Fuchs? Oder ein Hirsch? Oder eine Gemse?«

»Wann's mi bei der Schöpfung troffen hätt, daß i ins Tierische einigraten waar . . . warum denn net? Die haben's aa net schlechter als unseroans.«

»Ich meine, ob du ein Tier *werden* möchtest? Du glaubst doch an Hexen. Und an das wilde Gejaid! Und wenn nun so ein Unheimlicher käme? Und würde dich in ein Tier verwandeln? Welche Tiergestalt wäre dir die liebste?«

»Herrgottsakra, Herr Dokter! Jetzt lassen S' es aber guat sein mit söllene Reden! In so oaner Nacht!« Er beugte sich aus der Felsgufel, spähte zum Himmel hinauf und wickelte sich wieder in seinen Mantel. »Gott sei Lob und Dank! D' Stearn glanzen in aller Ruah. Heut in der Nacht ziahgt nix mehr auf. Und jetzt schlafen S', Herr Dokter!«

»Aufziehen?«

»Jetzt schlafen S' amal. Es geht scho bald auf Zwölfe. Um zwoa müassen mer aussi übern Lahner. A fünf Minuten nach drei fangt der Hoh(n) zum falzen an.«

»Aufziehen? Was soll denn aufziehen? Ein so verständiger Mensch wie du kann doch nicht im Ernst an diesen Unsinn vom wilden Jäger glauben?«

»U(n)sinn? So, so ...? Guat Nacht!«

»Aber Festl! Die Sage vom wilden Gejaid ist doch auch nur ein Märchen wie jedes andere. Diese Märchen stammen aus Zeiten, in denen die Menschen noch so dachten, wie Kinder denken, die von der Welt nichts wissen, und alles Unerklärliche den paar kleinen Vorstellungen anpassen, die sie schon besitzen. Wenn Kinder die Weihnachtsfreude kennenlernen, sehen sie hinter allem, was schön ist, einen fliegenden Engel. Und weil Kinder Angst vor großen Hunden haben, machen sie alles, was sie fürchten, zum Wauwau. Genauso hat es die Menschheit in ihrer Kinderzeit gemacht. Damals, vor Jahrtausenden ...«

Der Jäger tat einen schweren Schnaufer. Ruhig saß er in seinem Mantel gegen die Felswand gelehnt, mit dem Hutrand so tief über den Augen, daß unter dem schwarzen Schatten nur der blonde Flaum seines Kinnes noch im roten Glanz des Feuers leuchtete. Schlief der Festl schon? Oder verstand er sich ein bißchen aufs Heucheln und stellte sich nur schlafend, um mich zum Schweigen zu bringen – weil er von »solchen Dingen« nichts hören wollte, »in so einer Nacht?«

Aber ich schwieg nicht. Während ich unter dem Mantel die Hände um das Knie geschlungen hielt, war es mir ein wohliger Reiz, so vor mich hinzureden, mit halbgeschlossenen Augen in die wandelsüchtigen Lebensformen des Feuers hineinzuträumen und die menschlichen Vergangenheiten, von denen ich plauderte, wie ein in Flammen spielendes Theater vor mir zu schauen.

Für den Festl suchte ich Worte, die er verstehen konnte. Doch meine Phantasie ging ihre eigenen Wege. Ich sprach für den Jäger. Und sah dabei hundert Dinge, von denen ich schwieg – Dinge, die im Spiel des Feuers nur für mich allein zu wogendem Leben erwachten. – –

Wer schürt das Feuer im Schnee? Das Feuer vor meinen Füßen. Es wächst und wächst. Und schlägt über alle Wälder und Berge hin. Und schlägt empor bis zu den Sternen. Und wird eine riesenmächtige Flamme, die sich windet und ballt – und sich rasend dreht –, eine Kugel aus brennenden Lüften, so unermeßlich groß, daß eine ruhelos segelnde Schwalbe diesen Feuerball nicht umflöge! In tausend Jahren nicht! Er wirbelt und schwebt. Schneller, als ein aufgescheuchter Falke zu jagen vermöchte, wirbelt er hin durch finstere, kalte Räume. Und gehorcht doch einem Gesetze, zieht endlos immer wieder die gleichen kreisenden Wege, wie gefesselt an die unsichtbaren Ketten eines mächtigen Bezwingers. Wo wohnt er, dieser Starke? Wie hoch ist seine Stirn? Sind tausend Meere das Feuchte in seinen Augen? Wie groß ist die Sohle seines Fußes, um den die brennenden Welten tanzen, wie Sonnenstäubchen in einem Morgenstrahl?

Und sieh, ein Wunder! Von allen unzählbaren Wundern das heiligste und schönste: eine Geburt! Von dem wirbelnden Feuerball hat sich ein brennender Ring gelöst. Er reißt entzwei und verwandelt sich in eine flammende Kugel. Wie ein glühendes Sandkorn neben einem lodernden Berge, so sieht dieses Kind an der Seite seiner Mutter aus. »Geh deiner Wege!« sagt die Mutter und schleudert das Kind hinaus in die Weite und hält es dennoch fest in Liebe und zieht es an unsichtbarem Gängelband im Kreise nach ihrem zärtlichen Willen.

Und wieder ein Kind aus glühendem Schoße – Kind um Kind – die Schwangerschaften dieser fruchtbaren Mutter Flamme währen nur einen Atemzug der Ewigkeit. Wir Menschen, die wir die Uhr mit ihren vierundzwanzig Stunden erfanden, nennen das: unzählbare Jahrbillionen. Und das siebente dieser Kinder – oder das tausendste? – das ist die Erde, Mensch, auf der du wohnen wirst, um dich als »Krone der Schöpfung« zu fühlen und Götter zu formen nach deinem Ebenbilde, Götter mit Nasenlöchern, mit Haaren in den Ohren und mit knurrenden Gedärmen im Bauche – mit allen Dingen, die du selber hast, mit deinen guten Eigenschaften und deinen schlechten.

Die Flammen rauschen und wogen – das brennende Kindlein Erde will Mutter werden und gebärt den Enkel Mond. Der ist zu klein geraten für diese große Welt; ein Atemzug – dann friert er schon, und ist kalter und schlafender Stein geworden, bis eine Flamme nach Äonen ihn wieder wecken wird.

Und immer noch brennt die Mutter Erde. Aber siehst du das Schwarze auf ihrem Glutgesicht? Trauert sie um ihr kalt gewordenes Kind? Hüllt sie die glühende Stirn in dunkle Locken? Und sie gebärt nicht mehr. Die müde Mutter wird unfruchtbar, damit sie fruchtbar werden kann, um das winzige wimmelnde Leben zu ernähren, das sich einzunisten und in irrsinnigen Maßen zu vermehren beginnt auf ihrem geduldigen Leibe.

Durch Jahrmillionen um ihre Brüste her ein grauenvoller Kampf des Erkaltens: ein Brüllen, Donnern und Blitzen in ruhlos jagendem Gewölk, ein Schlackentreiben auf glühenden Wogen, wachsende Felsen, ein Steinzerschmelzen und Versinken, das Steigen neuer Berge – kochende Meere, die das Land verschlingen – und dampfende Länder, die emportauchen aus verkühlenden Fluten.

Und ehe die Ruhe kam, war schon das Leben da: die Pflanze und das Tier – in ihrer Kindheit eines ganz dem anderen ähnlich. Und die gemeinsame Mutter, aus der sie kamen, war geformt wie die Urgroßmutter Sonne, geformt wie die Großmutter Erde: ein Kügelchen! So winzig, daß neben ihr die Spitze einer Nadel wie ein Berg erscheint. Und dieses winzige Kügelchen hatte ein pulsendes Herz, einen Kreislauf seiner Lebenssäfte und schwimmenden Knöchelchen! Und war die Urahne der Geschwister Sokrates und Raffael und Goethe, die Urahne des Mastodons und der Eintagsfliege. Und trug schon alles Kommende in sich eingeschlossen: Völker und Wälder, jede Wahrheit und Schönheit des Daseins, Elend und Freude, Gesundheit und Leiden, alle Märchen des Lebens und all seine Torheit!

O Mensch! Der du immer an etwas glauben mußt! Glaube doch an die göttliche Größe dieses winzigen Ewigkeitswunders! In keinem Glaubensbuch, das Menschenhände kritzelten, findest du einen Gottesbeweis, der so überzeugend ist, wie dieses für unbewaffnete Menschenaugen unsichtbare Kügelchen! Dieses Urmütterchen alles atmenden Lebens auf der Erde!

Wie entstand es?

Als Verwitterungsprodukt der Erdrinde? Aus einem Zusammenrinnen chemischer Elemente? Aus einem Spiel des Zufalls? Nein! Die tausendfältigen Lebenswunder, die diesem Keim entwuchsen, sind zu herrlich und zu groß, als daß ein Zufall sie hätte erzeugen können. Es gibt keinen Zufall im Bereiche der Natur. Alles Geschehen ist das Kind einer zwingenden Ursache, die Folge von Gesetzen, deren Heimat überall ist. Sie wohnen in jeder Himmelsferne und leben in jedem Staub auf unseren Schuhen. Sie sind das Herz und Hirn der Welt, sind die Seele aller kleinsten Dinge, durchdringen und erfüllen alles Feste, sind die zündende Kraft des Blitzes und die Farbenwunder im Nordlicht, sind Liebe und Widerstand, sind Sättigung und Sehnsucht. –

Wurde das irdische Leben *erschaffen* , als die Erde zu altern begann und ihre Flammen schon halb erloschen waren? Erschaffen in dem Sinne, in dem ein Dichter dieses Wort verstand – jener große Dichter, dessen praktischer Bruder den Namen Aaron trug? Das irdische Leben – von Gott erschaffen? Diese Vorstellung erscheint wie Lästerung. Er, der Ewige, dem nur das Ewige entströmt, kann mit sich selbst in keinen Widerspruch geraten, kann nicht erschaffen, was zeitliche Grenzen hat. Flösse aus seinem Willen ein Werk, das vergänglich wäre, so müßte die Vergänglichkeit eine von seinen Eigenschaften sein. Und wenn er enden könnte, müßte er einmal begonnen haben. Was wäre vor ihm gewesen, was könnte nach ihm kommen? Wenn sein Leben und Werk nicht ewig wäre, könnte er selbst nicht sein und wäre nie gewesen. Und nichts bestünde. Ich aber fühle den heißen Atem des Feuers, das da brennt im Schnee, und fühle hinter meinem Nacken den kühlen Hauch des Felsens. Ich fühle, ich bin, ich lebe. Das ist nicht *mein* Besitz. Es ist der *seine!* Ich bin ein Teilchen, das Ganze ist Er!

Nie gleicht ein Ganzes seinem Teile, so wenig, wie ein himmelhoher Berg mit schneeumgossenen Zinnen und mit dem Wunder seiner grünenden, von Leben durchwimmelten Frühlingswälder dem steinernen Splitter gleicht, den mein Nagelschuh bei einem raschen Tritt vom kahlen Felsen schürft. Doch dieser Splitter ist Stein von *einem* Stein des Berges, dieses Splitters Art ist *eine* von des Berges tausend Eigenschaften. Und weil ich fühle und atme, muß Odem und Empfindung auch in Ihm sein – doch von allem, was *mich* durchzittert, so verschieden, wie Sturm und Glanz und Rauschen des Meeres verschieden sind vom Fall

und Rinnen eines Regentropfens. Und weil *ich* lebe, lebt auch *Er!* Kann da ein Totes in Ihm wohnen? Weil Er in allem ist und alles in Ihm, drum muß auch alles Bestehende ein Lebendiges sein. *Alles* muß leben! Alles, alles, alles! Und was da Leben heißt, muß unvergänglich sein, war immer da, wird niemals enden. Was das lallende Kindermäulchen der Menschheit als Geburt und Tod benennt, als Blühen und Welken, als Funke und Asche – das ist nur wundersame Phase des immer Lebenden, nur Wechsel und Wandel in einer ewigen Wiederkehr, die uns um so widersinniger und unmöglicher erscheint, je mehr wir ahnen, daß sie Wahrheit sein muß! – –

Das Feuer im Schnee, das Feuer vor meinen dampfenden Schuhen will in Glut versinken. Und der Jäger rührt sich nicht. Und will die Flamme nicht schüren. »He! Festl! Wir werden frieren müssen!« Er regt sich ein bißchen und brummelt was – ich glaube, das hieß: »Geh, Linerl, mach 's Fensterl auf!« Ich zerre lachend ein paar von den schweren, weißumfrorenen Latschenästen über den Schneewall herunter, der um Armeslänge zurückgewichen ist und eine glitzernde Kruste bekommen hat. Geprassel und Krachen, Qualm und Dampf – und wieder die reine, wehende Flamme mit den blitzenden Gedankensternchen.

Wie wunderbar schön das ist: dieses frisch genährte Feuer, diese neu erwachte, heiß verjüngte Freude!

Ich fühle, ich bin, ich lebe.

Schöne Flamme! Wie oft schon warst du in grauen Schlummer verwandelt und bist wieder auferstanden als fröhliches Feuer? Auch du bist nur ein Teilchen des Lebens, das nimmer endet und nie entstand! Dein erster Funke, den ich glimmen sah, war kein Beginn, war eine Mitte – wie auch das winzige, von Schwangerschaft gerundete »Urmütterchen« des irdischen Lebens eine Mitte war und kein Beginn. Hätten wir Mikroskope, die noch millionenmal schärfer zeigen als die schwachen Gläser, die wir schleifen lernten – jenes winzige Kügelchen müßte sich weiten zu Welten eines Lebens, schon so vielgestaltig und reich an Wundern wie die Schönheit, die aus Goethes Augen strahlte und aus seinem kochenden Herzen klang. Seit immer und ewig war dieses Leben da – war auf und in der Erde, als sie noch brannte in rauschenden Flammen. Und war schon da, als die Erde noch im Schoß der Mutter Sonne keimte. Und war schon da, als diese Sonne noch, ich weiß nicht wo und ich weiß nicht was gewesen ist. –

Denke ich noch mit wachenden Sinnen? Oder schlafe ich? Fliegen sinnlos meine Träume?

Nein!

In der Glut, die das große Feuer ausströmt, sickern mir die Schweißperlen über die Augenlider, und deutlich fühle ich, wie heiß die Sohlen meiner dampfenden Schuhe sind. Und völlig klar ist der Gedanke in mir: Wenn jetzt, wider Festls Erwarten, etwas aufzöge in dieser schönen Schnee- und Feuernacht, und ein jäher Windstoß schlüge diese große Flamme gegen uns her, nur für die Dauer weniger Sekunden, so müßten wir beide in dem Felsenloch ersticken und verbrennen, der Festl, der vom Linerl träumt, und ich, der ich Gott und sein Leben zu ahnen suche.

Und da soll ich als Mensch, dem schon der abspritzende Phosphor eines Schwefelhölzchens auf der Hand eine schmerzende Blase zieht – da soll ich mir denken können, daß es Formen eines Lebens gab und gibt, das sich wohl und fröhlich fühlt in einem Meer von Flammen – so, wie die Forelle im frischen Bergbach und wie ein Adler in der reinen Höhenluft? Formen eines Lebens, das unter brütenden Gluten Myriaden von Jahren in wechselnden Gestalten überdauert – so, wie das Eisen in Rotglut kommt, in Weißglut, und schmilzt, in leuchtenden Dampf verwandelt wird und sich dennoch wieder verdichtet in kaltes, starres Eisen – Formen eines Lebens, das, nach Äonen in wehenden Flammen, sich mit der Kühle befreundet und nach unermeßbaren Wandelstufen zur Zelle wird, zur Alge und zum Wurm, zur Pflanze, zum Tier, zum Menschen?

Irrsinniger Gedanke! Aber dieses unmöglich Scheinende hat das ruhige Lächeln der Wahrheit. Es muß so sein! Oder es wäre kein Leben da! Und nichts bestünde!

Warum muß ich an Siegfried denken? An Schillers »Kampf mit dem Drachen«? An viele, viele Märchen? Und an ein wundersames Bild von Arnold Böcklin?

Der Drache? Ein Fabeltier? Eine Ausgeburt der spielenden Menschenphantasie? Wir von heute erforschten, daß es in der Vergangenheit des irdischen Lebens fliegende Riesenochsen gab und ungeheure

Tiere, die für eine erschrockene Maus wie wandelnde Berge waren. Ist das nicht ein Beweis, daß in den Märchen der Menschheit neben träumender Torheit auch ein verläßliches Rückerinnern an die Zeiten vor Jahrmillionen ist? Und gibt es nicht auch Märchen von Feuergeistern und glühenden Salamandern?

Ich weiß, dieser Gedanke ist ein Kind der Flamme, die da lebt und lodert vor mir im Schnee. Doch die Wissenschaft von der Entwicklung des Lebens auf Erden erforschte diese Wahrheit: daß jeder Embryo eines Menschen unter dem Herzen seiner Mutter lückenlos alle Hauptstufen der Entwicklung durchzumachen hat, die das tierische Leben auf Erden durchwandern mußte – von der Zelle zum Wurm, vom Wurm zum Fische, vom Fische zum Säugetier, vom Säugetier zum Menschen. Aber ein werdendes Menschenleben beginnt doch nicht in der Eizelle? War es nicht vorher schon vorhanden? Im Leben der Mutter, im Leben des Vaters? Und ist die Zeugung im Fieber der Leidenschaft nicht eine Lebenswandlung in Gluten? – –

Sieh, da fährt nun wirklich ein rauschender Windstoß über die Felsenschale hernieder, die uns schützt, und drückt die Flamme zu Boden und peitscht sie von uns fort. Und dichter Qualm überwirbelt den strahlenden Schein. Und über den schattenden Rauch hinweg vermag ich für die Dauer weniger Sekunden eine weite Muschel des stahlblauen Nachthimmels zu sehen, mit einem Gewimmel von feurig blitzenden Sternen.

In meinem Gehirne zuckt die Vorstellung himmlischer Entfernungen und himmlischer Zahlen auf – ein

Bild, um den Verstand eines Menschen schwindeln zu machen! Unfaßlich weit sind diese Sterne von uns entfernt, unzählbar ist ihre Menge. Und dennoch gehören sie noch zu dem gleichen, wandernden Sternenvolke, in dem unsere Sonne mit ihren Kindern wie ein Häuflein Staub im Sandmeer der Sahara ist. Und dieses ganze, ungeheure, funkelnde Sternenvolk der Milchstraße ist *wieder* nur ein Winziges im ewigen All. Da droben dämmern mattleuchtende Nebelflocken, nicht größer als ein weißes Flaumfederchen von der Brust einer Taube. Und das sind wieder Millionen von Sonnen, wieder immense Sternenvölker. Und diese Millionen von Sonnen sind nur die großen Türme in den unübersehbaren Himmelsstädten. Zwischen diesen brennenden Sonnen schwirren Milliarden von erloschenen Sternen, von Planeten und Monden, die unerspähbar für uns sind, weil das erborgte Licht ihrer wechselnden Tage zu schwach ist für die weite Reise bis zu den Augen der irdischen Menschen. Und all diese erloschenen und brennenden Rätsel der ewigen Ferne *leben!* Sie *müssen* leben! Sind sie Geschöpfe? Wenn auch Geschöpfe von anderer Art, als wir es sind – so doch von Lebensgluten durchströmte Wesen mit Gefühl und Willen, mit Schmerzen und Freuden? Oder sind sie die rollenden, von immensem Kleinleben durchwimmelten Blutkügelchen in *Seinen* Adern, in *Seinem* Gehirn, in *Seinem* Herzen?

Ich kann nimmer weiterdenken! Ich bin wie trunken von einem Zauberwein. Die Bilder meiner Träume brennen und gaukeln. Doch bei dieser wirbelnden Trunkenheit ist fest und schön in mir ein Glaube. Wie muß Er groß sein und reich an unlösbaren Rätseln, reich an strahlenden Herrlichkeiten! Er! Der Eine und Ewige! Der alles Lebende in seinem Leben hegt! Die fromme Andacht, die ich ihm reiche aus den Schauern meines trunkenen Herzens, ist beklommenes Bewundern, ehrfürchtiges Staunen, träumendes Aufwärtsschauen zu den Feuerstätten seiner Höhe. Und ich fühle: anderen Gottesdienst begehrt Er nicht!

Und während ich so bete, hängt mein Blick viel lieber am dunkeltiefen Blau des Himmels, am leer erscheinenden Raume zwischen den ewigen Lichtern, als am Funkelglanze der großen Sterne. Denn diese, das weiß ich, sind wirbelnde Flammen. Und wenn ich auch ahne, daß eine tausendfältige Fülle des Lebens in ihren kreisenden Gluten wallen und wogen muß, so sind doch diese Bilder eines Lebens in Flammen meinem Herzen so ferne wie meinem Fassungsvermögen. Doch zu den stahlblauen Tiefen, die leer erscheinen, blick' ich empor mit zärtlicher Sehnsucht. Da kreisen und blühen die Milliarden erloschener Erden und Monde. Und da sie dunkel wurden, begannen sie zu dämmern in allen Farben jenes Lebens, das wir Menschen begreifen können, weil wir es teilen mit ihnen. Weil alles im All ein Einziges ist, muß auf ihnen ein Gleiches geschehen sein, wie auf unserer Erde. Ein Erlöschen und Erstarren, ein Keimen und Ergrünen, ein erstes Blühen und ein winziges Gewimmel des gewandelten Lebens in der Kühle. Keime, die seit Ewigkeiten schon unzähligemale allen Gestaltenwechsel des atmenden Lebens durchschritten, um wieder heimzukehren in die Flamme – nun begannen sie den Zauberkreis des ruhlos sich Gestaltenden von neuem zu durchschreiten. Keime, die unfaßbare Zeiten in Gluten gedauert hatten, begannen sich durch tausendfältige Formen emporzuwandeln bis zur Lebenshöhe jenes Kügelchens, das in bewimpertem Häutlein einen pochenden Herzkern und kreisende Lebenssäfte umschließt. Es saugt seine Nahrung und wächst, hat Willen und Gefühl, empfindet Licht und Wärme – träumt von Schönheit, da es Farben bildet – und hat sein Geschlecht, das reifend sich reizen läßt und lieben, zeugen und gebären muß. Sie hatten strebsame Kinder, diese winzigen Mütterchen! Und ihre Enkel da droben, auf diesen Milliarden schwesterlicher Erden, wurden Alge und Wurm, Kraut und Schalenkrebs, Schachtelhalm und Knorpelfisch, Baum und Säugetier, Lilie und Mensch.

Blumen und Menschen? Dort oben im dunklen Blau? In den leer erscheinenden Weiten des Unendlichen? So aberwitzig dieser Gedanke scheint – er muß der Wahrheit nahekommen.

Da droben mögen Blumen blühen von anderer Form und Farbe, als die Rose und die Lilie. Aber es müssen *Blumen* sein, liebliche Kinder eines Frühlings, mit Duft und Schönheit, mit Blatt und Kelch, mit suchendem Blütenstaub und schwellendem Schoß.

Und die »Menschen« dort oben? Diese Myriaden von Geschöpfen, die uns gleichen müssen in allem Wesenhaften des Lebens? Sie brauchen einander, wenn sie Bekenner oder Ketzer sind, nicht Hunde und Schweine zu schelten; sie brauchen nicht Veteranengenossenschaften und Sittlichkeitsvereine zu gründen; brauchen den Spiegel und die Krinoline nicht erfunden zu haben; brauchen sich nicht zu schminken und zu tätowieren an Leib und Seele. Sie können andere Torheiten treiben, die wir Menschen auf der Erde in kranken Stunden noch nicht zu ersinnen vermochten. Aber Blut und Herz müssen sie haben, Gehirn und Nerven, eine Wirbelsäule und Glieder, Organe für das Licht, Gefühl und Empfindung, Bewußtsein, Erinnerung und Willen. Sie müssen leiden und jauchzen – ob schweigend oder mit klingendem Schrei –, sie müssen hungern und sich sättigen, dürsten und nach dem Trunke suchen, müssen von Schönheit wissen und Sehnsucht haben, müssen lieben und hassen, Männchen und Weibchen sein, müssen Kinder zeugen, Kinder gebären, ihre Kinder in Zärtlichkeit umschlingen, müssen blühen und altern, ihrer Lebensphase müde werden und in Asche zerfallen, um sich zu verwandeln in ein Neues.

Blick' ich empor zu diesen dunklen Tiefen des Himmels, so möcht' ich die Arme strecken und schreien: »Geschwister! Geschwister!« Ich liebe sie. Und ich weiß: sie träumen auch von mir und meinen irdischen Brüdern. – –

Der grelle Schein der nahen Flamme beginnt mich zu blenden, und vom Rauch der feuchten Äste brennen meine Lider. Ich muß die Augen schließen. Und nun ist alles dunkel. –

Nein!

Kleine, strahlende Sonnen wachsen in der Finsternis, schimmernd in sanften Farben, rot und gelb und grün und blau und purpurdunkel. Sie schwimmen und schweben, steigen und sinken, rinnen zusammen in ein einziges mildes Licht. Das ist schön! Und ein wohliges Gefühl durchrieselt meine Glieder. Mir ist, als hätt' ich bitter gefroren – ich weiß nicht wann. Jetzt aber strahlt mich eine sanfte Wärme an und läßt mich atmen in Süßigkeit. Und immer denk' ich noch an unsere Geschwister im leeren Blau. Und einen von den Brüdern aus der Heimat des Unendlichen – einen von diesen Brüdern kann ich sehen, so deutlich, als hätt' ich die Augen offen. Er gleicht mir. Nein! Ganz anders ist er. Und seine Züge vermag ich nicht festzuhalten. Immer verändert sich sein Gesicht. Jetzt hat er zwei Nasen, jetzt hat er die Augen dort, wo wir die Ohren haben, jetzt hat er nur ein einziges Auge auf der Stirne, groß und drohend, gleich dem Auge des Riesen, den Odysseus blendete. Nun wieder sieht er mich mit ernsten, ruhigen Lichtern an – mit Augen, die ich schon hundertmal gesehen habe – mit den Augen eines Wildes im Walde. Lebt auch *er* in der Wildnis? Sein Gewand ist grob aus Fellen genäht. Und weiße, bläulich schimmernde Felder, von denen es kühl zu mir herüberweht, erheben sich hinter dem Manne zu steilen Höhen. Wohnt mein Bruder auf einem erloschenen Planeten, der um eine Ewigkeitsminute jünger ist als die Erde und die Gletscher der Eiszeit noch nicht überwunden hat?

Noch immer sieht mein Bruder von Irgendwo mich ruhig an. Und sieh, er kann auch lächeln! Und nun beginnt er zu sprechen. Ich verstehe seine Sprache nicht. Sie besteht aus wunderlichen Lauten, die dem Lallen eines Kindes gleichen, aus hurtig wechselnden Grimassen, aus flinken Bewegungen der Hände, aus taktmäßigem Stampfen der Füße. Daß ich ihn nicht verstehe, das scheint ihn zornig zu machen. Aus seiner Kehle quillt ein dumpfer Laut. Diesen gleichen Laut vernahm ich einmal von einem großen Affen, den in einem Tierpark die Kinder neckten. Mein Bruder greift im Zorn nach einem Eisklumpen und schleudert ihn nach mir. Ich wende mich lachend, das Eis zerschellt auf meinem Rücken, und ich fühle, daß mein Mantel kalt und feucht wird. Und nun versteh' ich plötzlich die Sprache meines Bruders. Er sagt: »Du dummes, unvernünftiges Tier!« Dann geht er seinem Hause zu. Dieses Haus ist eine Höhle im Felsen. Der Eingang ist schwer verschanzt mit unbehauenen Blöcken, deren Enden anzusehen sind, als wären sie von einem Biber mit hundert Bissen abgenagt. Mein Bruder muß auf und nieder klettern, um in sein Heim zu kommen.

Auch ich bin in der Höhle. Wie kam ich herein? Ich weiß es nicht. Und ich bin kein Mensch mehr. Ich bin ein funkelnder Bergkristall, befinde mich in einer Steinschrunde des Felsenloches, in einem urzeitlichen Götzenwinkel, der mit wunderlich gebildeten Blumen, mit Raubtierzähnen und mit den flachstirnigen Schädeln erschlagener Menschen fromm geschmückt ist. Und ich bin als Bergkristall kein Ding für mich allein, bin nur Teil eines Ganzen: ich stecke als glänzender Nabel im Bauch einer menschenähnlichen, plump aus Mammutbein geschnitzten Gottfigur, die sehr deutlich ein Mann ist und dennoch weibliche Brüste besitzt.

Und es wundert mich nicht, daß ich denke und empfinde, obwohl ich ein toter Kristall bin, und daß ich höre und sehe, obwohl ich weder Augen noch Ohren habe, nur eine glatte, schimmernde, harmonisch gebildete Oberfläche. Doch dieser Schimmer ist matt, von Rauch gebräunt, mit Ruß beflogen. Ich fühle das Beißen dieses Rauches in den Augen, die ich nicht besitze. Ganz nahe vor mir, dicht unter dem Gotteswinkel, ist eine Feuerstatt, auf der eine versinkende Flamme züngelt, während der Tag noch in die Höhle scheint. Und dieses Feuer spricht zu mir: »An dieser Stätte brenne ich seit dreihundert Jahren, Tag und Nacht! Immer nährten sie mich mit Fleiß und Andacht. Sieben Geschlechter wärmten sich an mir. Der Urahn holte mich von einem Waldbrand, den der Blitz entzündete. Doch meine Stunden sind gezählt. Noch eh' der Morgen graut, bin ich erloschen. Dann wirst du frieren in dem Gotte, dessen Teil du bist!«

Ich friere schon jetzt. Mich schauert. Und da ist mir, als bekäme ich plötzlich meine menschlichen Augen wieder. Ein schwarzer Schatten bewegt sich vor der kleingewordenen Glut. Und dieser Schatten legt frische Äste über die roten Kohlen. Ein fröhliches Geprassel. Die kleine Flamme wird wieder groß. Ich atme wohlig auf – und zwischen dem Feuer und mir gewahr' ich ein schwarzes Haupt und ein schwarzes, schiefgerücktes Hütlein mit einer Spielhahnfeder drauf. »So! Brennt scho' wieder!« sagt der gespenstige Schatten, der an Meister Federlein erinnert.

Wogender Qualm, der alles verschleiert. Dann wieder die große Höhle im flackernden Feuerschein und mit den schrägen, blutroten Sonnenstrahlen, die über die Blockverschanzung des Höhlentores hereinbrennen.

Mein Bruder von Irgendwo erhebt sich von den Fellen seines Lagers und geht zum Tore. Mit ihm sein Weib und zwei schlanke Mädchen. Und eines von den Mädchen trägt mit Vorsicht eine steinerne Schale, nein, es ist ein Knochenbecher, der einst im Leben ein Gehirn umschloß.

Ein junger Knabe mit männlich ernsten Augen bleibt bei der Feuerstätte zurück und rollt drei große Holzblöcke über die Glut.

Der Mann, sein Weib und seine Töchter steigen zum Bord der Torschanze hinauf. Der rote Glanz der sinkenden Abendsonne ist schön um diese vier dunklen Menschen her. Das schlanke Mädchen schleudert aus der Knochenschale ein Flüssiges in die brennenden Abendlüfte. Und die beiden Töchter, das Weib und der Mann erheben mit einer Gebärde des Flehens die nackten Arme. In rhythmischem Singsang rufen ihre rauhen Stimmen siebenmal die gleiche Silbe: »Oooi!« Versteh' ich recht? Es ist ein Laut, der an »Logi« und »Elchim« erinnert.

Gottesdienst!

Meine Geschwister beten zu einem guten Gotte des

Das schlanke Mädchen schleudert aus der Knochenschale ein Flüssiges in die brennenden Abendlüfte.

nützlichen Lichtes – und sie trauern, da er mit dem sinkenden Tage verschwindet.

Und nun begreif' ich, weshalb mein kristallenes Leben in die Nabelhöhle des geschnitzten Gottes eingeschmolzen wurde. Weil meine glasigen Flächen glänzen! Drum sind sie ein Symbol des schöpferischen Lichtes. Sieh nur: die Religion meines Bruders von Irgendwo ist Poesie!

Und mein Bruder ist auch ein Künstler! Ein Künstler, der in Sehnsucht schafft! Denn beim flackernden Feuerschein, der grell die Höhle durchflutet, seh' ich an der Felswand große Bilder, deren eingemeißelte Linien mit verschiedenen Farben ausgestrichen sind: Gestalten von beilschwingenden Jägern, große Mammutköpfe mit geringelten Stoßzähnen, Höhlenbären, Rentiere, Auerochsen und wilde Pferde, die nicht Hufe, sondern Zehen haben.

Meine Geschwister verschließen die Wölbung des Tores, kommen zur Feuerstätte, schälen sich aus den Pelzen und beginnen ein Mahl. Sie schweigen. In ihren Gesichtern sind die Zeichen einer ziellosen Sorge. Diese Sorge redet bang aus den Augen des Weibes und der schlanken Töchter. Der Mann scheint ruhiger; wo er sich niederläßt, da legt er zu seiner Linken einen steinernen Hammer hin, zur Rechten ein steinernes Beil.

Mit einer steinernen Säge zerreißt das nackte Weib einen übelriechenden Fleischklumpen. Und gierig verschlingen meine Geschwister die rohen, eklen Bissen. Ich will ihnen raten: »Siedet das Fleisch in Wasser! Bratet den Rentierrücken am Feuer!« Doch meine Stimme ist nur ein feines Klingen. Das hören und verstehen meine Geschwister nicht. Und dennoch scheinen sie feine Ohren zu haben. Bei jedem leisesten Geräusche, das aus der Nacht da draußen durch die Torschanze hereintönt, zucken sie auf und lauschen. Und immer greift die Faust des Mannes nach dem steinernen Beil. Und während sie so lauschen, unbeweglich, glitzern im brütenden Feuerschein die Schweißperlen auf ihren nackten Leibern.

Was fürchten meine Geschwister? Den Einbruch reißender Tiere? Das Tor ist fest verschanzt, kein Bär reißt diese schweren Blöcke nieder. Was fürchten meine Geschwister? Ihre Brüder? Welche Weiber suchen und Knechte brauchen? Noch gibt es nicht Menschen, die in Scharen kommen. Sie hausen einsam. Und es steht nur immer einer gegen einen.

Und mein Bruder von Irgendwo ist stark. Und gewohnt, zu siegen. Sieben zertrümmerte Männerschädel schmücken als frommes Weihgeschenk den Winkel Gottes, in dem ich glänze.

Was fürchten meine Geschwister?

Den unsichtbaren Schreck der finsteren Nacht!

Zitternd lauschen sie dem Dumpfen und Unbegreiflichen, das auf Riesensohlen die Felsen der Höhle umschreitet. Das wird ein Rauschen und Sausen, ein Heulen und Pfeifen, als flöge ein wildes Gejaid durch die Lüfte dieser schwülen Sommernacht mit dem Eishauch der Gletscher.

Ich teile die Sorge meiner Geschwister. Ich bin ein glänzender Stein und fühle doch alles mit ihnen. Meine

Schimmerflächen zittern, ich friere vom Hauche des Eises und schwitze unter der Schwüle des Föhns.

Dieses Brausen und Rauschen wächst. Meine Geschwister hüllen die Gesichter in die langen, zottigen Haare, werfen sich zu Boden und lallen siebenmal die gleiche Silbe: »Wuuua!«

Gottesdienst!

Meine Geschwister von Irgendwo versuchen mit Demut und Gebet den bösen Geist der Finsternis zu versöhnen: den Teufel der Nacht.

Der Sturmwind dröhnt und schüttert. Und was ist dieses Polternde? Das Stürzen einer ausgeschmolzenen Gletscherwand? Das Rollen gewaltiger Findlingsblökke?

Meine Geschwister suchen Schutz und Hilfe bei ihrem guten Gotte des Lichtes. Sie reißen Ihn und mich aus dem frommgeschmückten Gotteswinkel. Und das schlanke Mädchen, das in der Abendglut dem scheidenden Gott das Opfer brachte – die Priesterin – ritzt unter murmelndem Singsang mit scharfem Steinsplitter die schwellende, von kleinen Narben bedeckte Brust. Sie gibt dem Gotte zu trinken, läßt die roten, köstlichen Perlen des jungfräulichen Blutes in die Beinschrunde träufeln, die dem geschnitzten Bilde als klaffender Mund unter die Stumpfnase geschnitten ist.

Das Toben des Sturmes wächst. Näher und näher prasseln und donnern die stürzenden Eismassen. Und der Gott ist dieses süßen, grauenvollen Trunkes noch nicht satt und will nicht helfen. Ich möchte schreien: »Du! Mein Ganzes! *Hilf* diesem gläubigen Kinde, das für dich blutet!« Doch es will kein Laut aus meinem gläsernen Leibe. Und da klafft schon unter donnerndem Krachen die Wölbung der Höhle entzwei, Eisblökke wie Berge stürzen auf uns nieder, eine schneeweiß schäumende Wasserwoge rauscht heran und spült die schweren Blöcke der Torschanze wie Federchen davon. Ich sehe meinen Bruder von Irgendwo noch angeklammert an einen tanzenden Baum. Und im Rauschen der Fluten hör' ich eine grimmig fluchende Stimme:

»Himmisakra! Und Buttermilli, gib Fuier! Was is denn ietz dös?«

Ich lalle schlaftrunken: »Was ist geschehen?«

»A Mordsbrocken Lahnschnee is abigrutscht über d' Felsgufel und hat mer 's halbete Fuier derdruckt.«

Während ich denke, glaub' ich zu versinken und verliere meine menschlichen Augen. Und ohne Augen seh' ich eine wachsende Flamme. Größer und größer wird sie, kommt immer näher – ich sehe einen schwarzen Riesen, der auf einem glühenden Rosse reitet wie der wilde Jäger – und da ist mir diese sausende Glut schon so nahe, daß ein Zipfel meines Mantels zu glimmen beginnt. Und der Festl schimpft, zerdrückt den Funken in seiner Faust, und – –

Und das alles war nur ein Traum! Ein Traum, den ich träumte vor dem Feuer im Schnee! Das weiß ich jetzt. Denn ich bin erwacht. Und habe die Augen offen. Nur rühren kann ich mich nicht. Ich sitze regungslos in der Felsgufel. Mein Kopf hat wieder seine offenen, klar und deutlich sehenden Augen. Aber von den Schultern abwärts ist mein ganzer Körper wie von kaltem Glas.

Und durch dieses Kalte, Gläserne meines Lebens rinnt mir jählings ein grauenvoller Schreck.

Denn mir und dem Festl gegenüber – hinter der durchsichtigen Flamme – sitzt mit grinsendem Bartgesicht ein Dritter.

Der gefällt mir nicht!

Die wilde Jagd

Bei seinem Anblick machte ich die Wahrnehmung, daß gläserne Dinge behaart sind. Denn ich fühlte, daß auf meinem gläsernen Leib unzählbar viele Härchen waren – und fühlte, daß sich diese Härchen unter unbehaglichem Reize sträubten. Dabei überkam mich die Ahnung, daß sich um dieses Dritten willen etwas höchst Unangenehmes mit mir ereignen würde. Sah der Festl diesen verdächtigen Fremden nicht? Oder erschien es dem sonst so abergläubischen Jäger als eine ganz natürliche Sache, daß dieser Dritte so plötzlich bei uns war? Wie aus den brausenden Lüften gefallen?

Und wie war dieses andere möglich: daß solch ein sausender, pfeifender Sturm über die Felsgufel hinfuhr; und daß ich dennoch keinen Lufthauch spürte; und daß die Flamme vor meinen heißen Schuhen ruhig brannte?

Die belebende Wärme, die ich an den Sohlen meiner Nagelflöße empfand, schlich fein herauf durch meinen ganzen Körper, der seine gläserne Starre verlor. Jetzt konnte ich die Beine bewegen, jetzt auch die Hände. Nur mein Rücken war noch eine kalte Glasfläche. Auch hatte ich die Empfindung einer feuchten Basis.

Der Fremde lächelte heiter, so oft sein rechtes Auge meinem prüfenden Blick begegnete. Sein linkes war nicht zu sehen.

Ich wurde ruhiger, als ich das harmlose Gebaren meines Jägers bemerkte. Gemütlich hockte der Festl in seinem Felswinkel, stopfte sich eine frische Pfeife – sagte: »Mit Verlaub?« – zog ein glühendes Zweiglein aus dem Feuer, brachte den Tabak in Brand und blies den Knasterdampf in die Flamme.

Ich flüsterte: »Festl? Siehst du ihn nicht?«

»Ei woll! Mir tuat'r nix. I laß eahm sein Rischpekt. Aber Sö, Herr Dokter – san S' a bißl fürsichti! Auf Eahna kunnt'r's ebba scharf haben! Weil S' allweil söllene Sachen reden! In so oaner Nacht!«

Der Fremde lachte spöttisch.

Er hatte die Gestalt eines hageren, hochgewachsenen Mannes. Alles an ihm war so grau wie sein langer Bart. An breitem Ledergürtel, wie ihn die Hochtouristen zum Anseilen tragen, hing ein funkelndes Hifthorn. Und einen altmodischen Hut trug er schief über den Kopf gezogen, mit breiter Schlappe, die sein linkes Auge bedeckte. Dieser Hut, auf dem er kokett zwei Rabenfedern stecken hatte, war verdächtig – denn die breite Hutkrempe warf keinen Schatten. Das bleiche Gesicht des Fremden blieb immer scharf beleuchtet. Und einer eigentümlichen Beschäftigung gab er sich bei seinem spöttischen Lachen hin. Er hielt seine Hände, um sie zu wärmen, bis über die Ellenbogen ins Feuer. Ihm schien das gut zu bekommen. Mir aber wurden die Hände so heiß, als bekäme ich brennende Wunden rings um alle Finger. Dann – wie man lange Reitstiefel auszieht – zog er seine beiden Beine aus dem Leib heraus, steckte sie in die Flamme hinein und drehte eins ums andre im Feuer langsam herum. Was er da tat, erschien mir nicht ungewöhnlich. Es wunderte mich nur, daß dieser Fremde, bevor er sich an unserem Feuer so häuslich einrichtete, nicht um Erlaubnis fragte.

»Sie!« sagte ich geärgert! »Ich an Ihrer Stelle würde wenigstens guten Abend wünschen, wenn ich mich zu fremden Leuten setze und das Feuer so ausgiebig benütze, für das andere das Holz zusammentrugen.«

»Sie, Herr Dokter! Toan S' 'n net tratzen! *Den!*«

Der Fremde steckte ruhig seine schön gewärmten Beine wieder an den Leib und machte mit ihnen ein paar Bewegungen wie ein aus dem Sattel gestiegener Reiter, der lange auf dem Pferd gesessen. Dann fragte er mit einer Stimme, die ein sammetdunkler Bariton war: Wieviel Äste trugst denn du zu diesem Feuer?«

Während er so fragte, fiel es mir auf, daß er nicht nur einen schattenlosen Hut hatte, sondern auch *selbst* keinen Schatten warf. Hinter ihm war die Schneeböschung vom Feuer genauso rot beleuchtet, wie rechts und links von seinen Ellenbogen. Aber mehr noch, als diese Wahrnehmung mich irritierte, verdroß mich die Unverschämtheit, mit der dieser Kerl mich duzte.

»Sie! Ich kann mich nicht erinnern, daß wir beide Bruderschaft miteinander getrunken hätten?«

Der Fremde lachte. Und mein Jäger meinte: »Dös kon i mer aa net guat denken. Wo der Gottselige dahoam is, schenkt ma koa Krüagl Bier nimmer ein.«

Freundlich nickte der Fremde dem Jäger zu. Dann sah er mich an und lachte wieder. Ein merkwürdiges Lachen! Denn der Kopf mit dem großen Schlapphut hüpfte bei diesem Lachen immer ein bißchen von den Schultern weg und setzte sich dann wieder richtig auf den Hals.

Ich sagte gereizt: »Von einem Menschen, bei dem der Verstand nicht festsitzt, kann man höfliche Umgangsformen nicht erwarten. Eine Vorstellung ist auch gar nicht mehr nötig. Ich bin auf Ihren Namen nicht neugierig. Aber zwischen Menschen, die am gleichen Feuer sitzen, müssen wenigstens die einfachsten Dinge klargestellt werden.«

Er lächelte: »Bitte?«

»Warum werfen Sie keinen Schatten?«

»Weil ich durchsichtig bin.«

»Das stimmt! ... Aber da gestatten Sie wohl, daß ich einen logischen Schluß ziehe?«

Ein vergnügtes Grinsen. »Und das wäre?«

»Hätte Ihre Erscheinung etwas Materielles, so müßten Sie trotz Ihrer Durchsichtigkeit einen Schatten werfen. Das ist aber nicht der Fall. Und das beweist, daß Sie gar nicht existieren! Damit ist die Sache wissenschaftlich für mich erledigt. *Adieu!* Und wenn ich schon die Existenz von Gespenstern für möglich halten *könnte* ... Sie sind ja auch kein *Gespenst!* Sonst wären Sie schon lange nicht mehr da. Oder haben Sie nicht gehört, daß ich sagte: *à dieu!* Wenn Sie nicht Französisch verstehen sollten, erkläre ich Ihnen, daß dieses Wort ein spätgeborener Bruder der älteren Geschwister Ziu,

Zeus und Deus ist und soviel wie *Gott* bedeutet. Wenn Sie also ein Gespenst wären, müßten Sie beim Klange dieses heiligen Wortes mit Gestank verduften.«

»Aber, Herr Dokter!« Der Festl nahm die Pfeife aus den Zähnen. »Wo haben S' denn Enkern Verstand! Wie soll denn unser Herr Nachber vorm Wörtl Gott derschrecken! Wo er doch quasi selber amal a Herrgott gwesen ist!«

»Wasss? Der! Ein Gott?«

»Höllsakra! Und Buttermilli, gib Fuier! Herr Dokter! Haben S' mer ebba net heut selber verexpliziert, daß der Gjaidmoaschter nix anders waar als wie an altdeutscher Herrgott, der aus der Mod kummen is?«

Da begann der Fremde höhnisch zu lachen. Dann streckte er sich durch die Flamme gegen den Jäger hin und fragte: »Hat er das gesagt?«

»Ja, dös hat'r gsagt!«

Ich wollte reden, aber die Stimme blieb mir in der Kehle stecken. Denn auf dem Kopf des Fremden hatte sich der Schlapphut ein wenig verschoben. Und ich sah, daß der Kerl an der Stelle, wo sich bei wirklich existierenden Geschöpfen das linke Auge befindet, eine große, dunkle Höhle hatte, in deren Tiefe etwas Rotes glomm und funkelte, das alles andere eher, nur kein Auge war.

Die Sinne begannen mir in Grauen zu wirbeln.

Und der Fremde fragte: »Das mit dem Gott, der aus der Mode kam? Wirklich? Das hat er gesagt?«

»Ja! Aber wissen S', Herr Nachber, i hab's net glaubt! ... Der Herr Dokter hat mer halt so von die

Menschenleut vor hunderttausend Jahr verzählt. Wo d' Leut im Verstandvermögen no' gwesen san wia Kinder, dö nix anders net gwißt haben, als daß alles Guate von die fliageten Engerln kummt, und daß in der Nacht die groaßen Hund beißen. No ja, und so haben si' d' Menschenleut in der Heidenzeit an zwieschlächtigen Herrgott ausstudiert, der im Sunnaglanz als Engerl umanandgflogen is . . . hat'r gsagt, der Herr Dokter . . . ja, und bei der Nacht hat der Liachtgott die schiache Seitn aussidraaht und is a beißwilder Hund woarn und hat Wauwautan ghoaßen, den d' Leut allweil böllen haben hören, wann der Wind gwaaht hat.«

Ich lallte: »Festl! Nein! *So* hab ich dir das nicht gesagt!«

»No ja, und wia nach der Heidenzeit a christkatholischer Herr Pfarr kummen is . . . sagt der Herr Dokter . . . da haben d' Leut ihren alten Glauben in an Aberglauben vermaschkeriert und haben aus'm alten Herrgott Wautan an schiachen Goascht gmacht, der als Gjaidmoaster umreiten muß in der Nacht, wann a Wetter ausfahrt! Ja, sagt der Herr Dokter, und d' Leut san no *allweil* so dumm und glauben ans wilde Gjaid! Und alls is bloß a Natuarkraft, sagt 'r, und es gibt koan Gjaidmoaster. Und alls is an Unsinn, sagt 'r, und alls is net wahr!« Der Festl kicherte – und während er mir einen scherzenden Puff mit dem Ellenbogen versetzte, zwinkerte er dem Dritten schelmisch zu. »Was sagen denn nacher *Sie*, Herr Nachber?«

Der Fremde betrachtete mich ernst mit seinem rechten, schönen, himmeldunklen Auge. Mir war unter diesem Blick nicht wohl zumute. Und plötzlich erhob sich das lange, durchsichtige Mannsbild, ohne die Beine zu bewegen – so, wie eine sitzende Marionette an ihrem Draht in die Höhe gezogen wird. Die beiden Rabenfedern flatterten. Und da war der Fremde so groß, daß ich an ihm hinaufschauen mußte wie zur Höhe eines Berges. Und seine rollende Donnerstimme fragte:

»Menschlein? Wer bin ich?«

Unter der Glut seines Blickes glaubte ich verbrennen zu müssen. Doch mein Rücken war kalt und lahm. In meinen Schläfen tobte der Pulsschlag, und das Herz hämmerte mir wie irrsinnig gegen die Rippen.

Der lächelnde Riese beugte sich grau zu mir herunter. »Menschlein! Sei nicht eigensinnig! Das Leugnen ist eine häßliche Sache. Bekenne! ... Bin ich der wilde Jäger?«

Ich biß die Zähne übereinander und knirschte: »Nein!«

Erschrocken stotterte Festl: »Herr Dokter! Toan S' Eahna überlegen, was S' reden ... in so oaner Nacht! Und wenn er scho' da is!«

Der Riese winkte mit einer baumlang gewordenen Hand dem Jäger zu: »Laß ihn nur! Er wird sich schon auf das Rechte besinnen.« Dann beugte er sich wieder zu mir. »Du siehst mich doch?«

»Es scheint so.«

»Also? Was bin ich nach deiner Meinung?«

»Ein materiell nicht Existierendes! Ein bildlicher Ausdruck irrender Menschensehnsucht! Das äffende Erbteil einer halb erloschenen Lebenstorheit! Ein Popanz des Aberglaubens!« Während ich so sprach mit dem Anschein äußerlicher Ruhe, rieselte mir ein kaltes Zittern durch die tiefsten Sinne meines Lebens. Aber bei allem Grauen, das mich erfüllte, hatte ich doch die Empfindung eines schönen, unbeugsamen Stolzes. Und energisch fügte ich bei: »So riesenhaft du scheinst ... du bist nur das winzige Teilchen einer großen Narretei! Nur eine kleine Spielart von jenem wesenlosen Lebensschreck, der zur Pein der Menschen unsterblich scheint!«

Der Festl war mauerblaß geworden. »Herr Dokter! Herr Dokter!«

Und der Riese streckte sich. Er griff nach seinem Hifthorn. – Und blies. – Ein Klang, der in der Nacht die Berge dröhnen machte.

Und es war von diesem dröhnenden Hall in meinem Blut ein dumpfes Sausen, als ich wütend aus der Felshöhle sprang: »Herr! Als Pächter dieses Jagdgebietes brauch ich nicht zu dulden, daß Sie durch vehementes Trompeten die Hirsche meines Reviers beunruhigen!«

Der Graue setzte das Hifthorn ab. »Sorge dich lieber um dich selbst, anstatt um deine Hirsche! Die kennen mich.« Und da blies er schon wieder. Und der Klang seines Hornes ging wie ein mächtiges Brausen durch die Lüfte der Nacht, in der alle Sterne erloschen waren.

Der Festl gab dem riesigen Trompeter mit angstumschnürter Stimme freundliche Worte: »Herr Gjaidmoaster! Machen S' koane Gschichten! Der Herr Dokter hat allweil no' Vernunft angnommen! Und denken S' an sein Frauerl dahoam! Und an dö guatn Kinder!«

Etwas Heißes und Kaltes zuckte mir quälend durch das Herz. Und ich schrie aus Leibeskräften: »Lassen Sie doch endlich dieses Blasen sein! Das ist unvernünftig! Was hat denn das für einen Zweck?«

Er nahm das Hifthorn halb vom Munde. »Du irrst dich, Menschlein! Ich blase nicht. Was du zu hören glaubst, das ist meine Stimme. Und ich rufe die Meinen.« Er lachte, daß mir von diesem Dröhnen alle Knochen sumsten. Und schrie: »Hoi, hussah, hooooh!«

Und ich, in Grausen und Wut: »Das alles existiert ja nicht! Wenn ich Sie jetzt beim Kittel fasse, greif' ich in die Luft! Und dieses Fürchterliche ist verschwunden!« Ich machte einen taumelnden Schritt und streckte die Fäuste --

Da tauchte der graue Riese den rechten Arm in die Flamme und warf mir eine Handvoll Feuer ins Gesicht. Und schrie: »Hoi, hussah, hoooh! Ein edel Wild allhie! Hui, hollah! Hetz, hetz, hetz, hetz, hetz, hetz . . .«

Ich fuhr mit beiden Händen nach meinen Augen und glaubte an Haut und Haaren zu brennen. Aber das war kein Gefühl des Schmerzes – es war ein wunderliches Empfinden rings um meinen Leib herum, in meinem Blut, in meinen Muskeln und Sehnen. Meine Kleider brannten nicht, doch der steingraue Lodenmantel, den ich trug, schrumpfte so fest zusammen, als sollte er eine zweite Haut für mich werden. Alles Entsetzen, das mich befallen hatte, als mich die Feuerflocken ins Gesicht trafen, milderte sich und verschwand – obwohl ich mit Sicherheit wußte: ich bin in Todesgefahr. Verschärft die Nähe der Todesstunde alle Sinne? Meine Augen sa-

hen so scharf, als wäre die finstere Nacht zu dämmerndem Morgen mit wundervollem Farbenschimmer geworden. Intensive Gerüche, liebliche und widerliche, strömten mir bei jedem Atemzug in die Nase. Ich roch den Duft aller Frühlingskräuter, die da drunten im Walde grünten, fühlte den köstlichen Wohlgeruch alles rinnenden Wassers in der Nähe und merkte deutlich, wie grauenvoll der Festl an Leib und Kleidern stank. Und meine Ohren! Was meine Ohren alles hörten! Die Stille der Nacht schien wie verwandelt in ruhelosen Lärm, der schön und schrecklich war. Alle Dinge der Erde schienen Ton und Klang zu haben. Und in den Lüften ein Toben, Brausen und Rauschen! Ich hob die groß gewordenen Augen und spähte. War dieses Brausen der Lebensatem der abenteuerlich gestalteten Wolken, die ich da droben fliegen sah? Können fliegende Wolken bellen wie große Hunde, krächzen wie Raben und Eulen, wiehern wie riesenhafte Rosse, schreien, pfeifen, klappern und lärmen wie hundert Jägerknechte auf einer wahnsinnigen Hetzjagd? Und kann ein Hifthorn klingen wie sieben Donner, deren Schläge sich vermischen?

Doch nicht die geringste Regung von Schreck befiel mich. Es war nur die *eine* Empfindung in mir: »Da mußt du die Beine rühren und drunten im Walde Dekkung suchen!« Und ich wußte ganz genau, daß ich

Da tauchte der graue Riese den rechten Arm in die Flamme und warf mir eine Handvoll Feuer ins Gesicht.

schneller zu rennen vermochte, als Pferde und Hunde. Der erste Satz, den ich machte, ging von der Feuerstelle hoch im Bogen über den Schneewall hinüber und wurde über zehn Meter lang. Das Gefühl der Kraft, die meine Muskeln und Sehnen strammte, war so froh und stolz in mir, daß ich lachen wollte – doch dieses Lachen wurde in meiner bezotteten Kehle zu einem kurzen, dumpftönenden Laut, über den ich mich wundern mußte. Und seltsam war mir auch dieses andere: daß ich nicht nur mit den Füßen, sondern auch mit den Händen sprang! Das schien sich als herrlicher Vorteil zu erweisen, als eine mächtige Steigerung meiner rasenden Gliederkräfte. Den Kopf zurückgepreßt in den Nacken, mit vorgestreckter Nase schon den wundervollen Duft des rettenden Waldes riechend, mit seitwärts gedrehten Augen alles Nahe schnell erkennend, so stürmte ich mit rasenden Sprüngen über das steile, von Steinklötzen und Latschenbüschen durchwirrte Lawinenfeld hinunter, ohne viel zu denken, doch furchtlos, aller Kraft bewußt, die mein gesundes Leben erfüllte.

Hinter mir die heulenden Hunde und die schnaubenden Rosse, die gut nach frischem Regen rochen. Sie flogen wie der Wind. Doch meine Kraft war schneller als sie. Mit hohen Fluchten übersprang ich die Klüfte im Schnee, warf mich mit fester Brust durch alles Geflecht der Latschen, und flinker als die Steine, die der kraftvolle Aufsprung meiner Füße und Hände hüpfen und schwirren machte, sauste ich steil hinunter über die braun aus dem Schnee herausgelagerten Rippen des

Berges, den ich in allen Schrunden und Furchen kannte, wie ein Kind die Züge der Mutter kennt. Da sperrte eine baumhohe Felswand meinen Weg. Ich stutzte einen Augenblick – doch flink erspähte ich jedes kleinste Rasenflecklein im Gestein, jede Kante des Felsens, und in schiefem Saus – mehr ein Stürzen als ein Springen – fuhr ich mit vorgestreckten, stahlharten Fäusten über das steile Gewänd hinunter und erreichte wieder guten Boden. Aber jener Augenblick des Zögerns hatte mir die hetzende Meute bis dicht an die Haare gebracht. Schon fielen die grauen Hunde wie quirlende Nebel über mich her, schon war mir das Pfeifen, Brausen und Brüllen sprungweit hinter den Ohren – doch in hundert beschwingten Fluchten gewann ich den bergenden Wald – o wohlige Seligkeit, die mich durchströmte! – und war in Sicherheit.

Mit Schnauben und Heulen sauste das irrgeratene Heer der Hetzenden hoch über die rauschenden Wipfel hinüber, während die Wucht meines Leibes mich im Schutz der Bäume noch eine Strecke talwärts trieb. Eine wundersame, blauviolette Dämmerung war vor meinen Augen, so hell in der Nacht, daß ich jeden Ast und Knorren sah und immer freien Durchweg fand, ohne mit meinem Körper einen Baum zu streifen. Allmählich wurde das Jagen meiner Glieder zu kurzem Galopp, zu gemütlichem Trollen, zu bedächtigem Schritt. Was geschehen war, bekümmerte mich nimmer. Ich wußte: daß ich geborgen war in meiner grünen Heimat, sicher vor jeder Gefahr. Das Heer der Wütenden brauste fern in den Lüften. Ich lauschte ruhig, fand meinen gleichmäßigen Atem wieder, und bei feinem Gezitter meiner Nase sog ich wohlig alle starken Düfte der hellen Nacht in mich hinein. So stand ich lange, fast unbeweglich. Und plötzlich wußte ich: da drüben in der nahen Dickung ist eine herrliche Lagerstätte, trokken und windsicher, ferne von allem, was mir widerlich ist.

Ruhigen Schrittes zog ich durch die blauviolette Dämmerung der Waldnacht. Vorgebeugten Kopfes schlüpfte ich lautlos unter das Gezweig der jungen Fichtendickung und fand meinen schönen, wohlbekannten Lagerplatz. Ich drehte mich ein paarmal, scharrte mit den Händen auf der kühlen Erde, ließ mich auf die Ellenbogen nieder und senkte meinen Leib zu behaglicher Rast.

Es fiel mir auf, daß ich sonst in solch einer ungewöhnlichen Gliederlage nie zu ruhen pflegte: mit den Armen und Beinen unter dem Bauche, die vorgestreckte Kehle auf einen Moosbuckel gestützt. Doch es war in mir die Empfindung, als hätt' ich durch alle Zeit meines Lebens noch nie so gut und köstlich gerastet, wie in dieser scheinbar unbequemen Stellung, in dieser hellschönen, blauvioletten, von leisen, ruhelosen Geräuschen erfüllten, von hundert wohlbekannten Stimmen durchflüsterten Waldnacht!

Es dauerte nur kurze Zeit, und da schlief ich schon –

Ich ließ mich auf die Ellenbogen nieder und senkte meinen Leib zu behaglicher Rast.

zuerst mit offenen Augen, deren dichtbewimperte Lider eine geraume Weile zwinkerten und blinzelten, bevor sie sich völlig schlossen.

Und während ich schlummerte, wußte ich alles, was rings um mich geschah. Ich hörte den fauchenden Flug eines Waldkauzes; vernahm die flinken Sprünge einer Spitzmaus, die aus meiner Nähe flüchtete; wenn etwas raschelte, wußte ich genau: das war ein Käfer im Moose, ein fallender Zweig, oder der Schleichtritt eines Fuchses, der sich nicht in meine Nähe wagte und in der Gier seines Hungers bitter dunstete. Aus dem Nadelhügel eines Ameisenvolkes quoll ein angenehmer Geruch und ein ruheloses Sumsen heraus. Zu einer zärtlich redenden Musik vermischte sich das tiefe Brummen der sacht bewegten Baumstämme mit den Seufzern sterbender Äste und dem fröhlichen Geflüster der von frischen Trieben bedeckten Zweige. Und diesen hundertfältigen Stimmenklang, der dem ruhelosen Leben der Nacht entströmte, unterschied ich deutlich im schönen, mächtigen Rauschen der geschwellten Frühlingsbäche. Und dennoch war mein Schlummer fest und erquikkend. Und während ich im Schlafe wohlig atmete, empfand ich den starken, süßen Duft einer großen Wasserfläche, die fern im Walde lag, fühlte den Würzhauch einer grünenden Weidefläche und roch die Herrlichkeiten des kommenden Morgens.

Bergfrühling

Ich erwachte. Vom fernen Dorfe tönten, wie etwas Nahes, die Glockenschläge der dritten Morgenstunde. Ging die Turmuhr falsch? Denn es war schon heller, veilchenblauer Tag um mich her. Aber seltsam! Noch immer glänzten viele Sterne am Himmel. Größer, als ich sie je in der Nacht gesehen. Alle wie strahlende Fakkeln – jeder so stark und feurig, wie sonst nur der Morgenstern im Hochsommer brannte.

Und welch ein Leben in dieser wundersamen Morgenhelle! Welch ein Strom von köstlichen Düften! Welch ein Stimmengewirr im Walde, in der Tiefe des Tales, auf den Höhen der Berge, in der Erde und in den Lüften! Hatten denn alle Bäume eine Stimme, jedes Kraut, jeder Faden des Mooses? Und dieses herrliche Klingen aller Bäche! Und dieses glockenschöne Gesumm, das in der Luft zu fliegen schien? Was war denn das? Spielte da irgendwo ein unsichtbarer Musikus auf einer Cellosaite? Immer näher kam es. Nun flog ein großer Nachtschmetterling an mir vorüber und verschwand. Was ich vernommen hatte, war das Geschwirr seiner Flügel.

Und gleich wieder ein anderer Laut, bei dem es mich heiß durchzuckte. Seltsam! Ich kenne doch den Falzgesang der Spielhähne – weiß auch, daß man den Walzertakt ihres Grugelns weit zu hören vermag. Doch wenn sie blasen, das hört man nur auf drei-, vierhundert Schritte. Gibt es denn Spielhähne, die so kräftig blasen, daß man sie über eine ganze Wegstunde von der verschneiten Falzalm herunter hört bis in den tiefen Talwald?

Falzalm? – Ich lauschte schärfer, mit vorgelegten Ohren. Und die Sache stimmte: der Hahn, den ich falzen hörte, blies und grugelte da droben auf dem fernen, steilen Schneefeld! Und – Herrgott! – das war doch *mein* Hahn! Den ich heut in der Morgenfrühe schießen wollte?

Wo bin ich denn nur? Wo ist denn das Feuer, die Felsgufel, der Festl? Ich wollte vom Boden aufspringen. Doch mein schwerer Leib blieb ruhig liegen und tat nicht, was ich wollte. Nur mein Kopf erhob sich, und die klappenden Ohren scheuchten eine schrillende Mücke fort, die mir ans Auge wollte.

Wieder machte ich einen krampfhaften Versuch, mich zu erheben. Es gelang mir nicht. Waren meine Glieder gelähmt? Und hatte ich keinen Willen mehr? Nur noch ein kraftlos denkendes Gehirn?

Was ist denn nur mit mir? Und dieser wunderflüsternde Wald, in dem ich wohlig ruhe? Wie bin ich denn nur vom Schneefeld da droben eine ganze Stunde weit da herunter gekommen in diesen zaubervollen Wald.

Und der Festl in der Felsgufel, vor den Kohlenstrünken des erloschenen Feuers, nicht weit vom falzenden Hahn? Wie der Festl fluchen wird! Und sich sorgen, wenn er mich beim Erwachen nimmer an seiner Seite findet? Er wird nicht wagen, meinen Namen zu schreien – um den Hahn nicht zu vergrämen. Und immer an meine Frau denken – weil er doch weiß, wie ängstlich sie bei aller Herzenssorge um die Ihrigen ist! Und wenn der Festl im ersten Schreck etwa heimrennt und sagt zu meiner Frau: »Der Herr Doktor geht ab!«

Herr, du mein! Da muß ich doch gleich hinauf! Und muß dem Festl sofort ein Zeichen geben, wo ich bin!

Ich wollte juchzen. Aber es quoll kein Laut aus meiner Kehle. Ich spannte alle Kräfte, um mich zu erheben. Mein Leib blieb liegen. Und obwohl ich an allen Gliedern das Gefühl eines köstlichen Wohlbehagens hatte, war doch eine dumpfe, an Verzweiflung grenzende Stimmung in mir, und durch meine wirbelnden Sinne zuckte die unklare Erinnerung an grauenvolle und dennoch schöne Träume, deren schleierig huschende Bilder ich nicht halten, nicht fassen, nicht deutlich schauen konnte.

Da stand ich plötzlich auf. Das war eine heiße Freude. Ich wollte mich vollends aufrichten. Doch ich blieb mit den starren Fäusten auf der Erde. Ich wollte schreien, wollte hastig bergaufwärts steigen – doch stumm und ruhig zog ich im veilchenblauen Morgen quer durch den lebenden Wald hinüber. In aller Haut meines Körpers war ein feines Jucken. Und ich wußte: um dieses Jucken zu kühlen, wanderte ich zu meinem Morgenbad. Und immer blieb dieses unfaßbar Zwiespältige in mir: das ruhige, behagliche Fühlen und Handeln meines kraftvollen Körpers, und daneben diese taumelnde Verstörtheit meines gequälten, ratlosen, jeder Willensregung beraubten Geistes.

Es war ein weiter Weg, den ich auf tiefversteckten Waldwegen wanderte, unter einem Strom von Düften, umflüstert und umlärmt von hundert Stimmen, die mir verständlich waren und dennoch fremd. Und immer stärker wurde der Wohlgeruch der großen Wasserfläche, der ich entgegenzog. Ich näherte mich dem Waldsaum, und starke Lichter blitzten. Der Morgen war schon so hell geworden, wie sonst der Mittag ist. Und es konnte doch die Sonne noch nicht gestiegen sein? Denn am weißglänzenden Himmel funkelten noch fein die letzten kleinverblaßten Sterne.

Eine weite Freiung im Walde. Und zwischen summenden, plaudernden Bäumen lag ein schöner, spiegelklarer, gleißender, süßen Wohlgeruch hauchender See.

In Durst, in zärtlicher Sehnsucht nach der kühlen Flut, begann ich flink zu traben, blieb stehen, spähte lang und vorsichtig umher und prüfte sinnend jeden Duft, den ich empfand. Keiner mißfiel mir. Ruhig schritt ich auf das flache, sandige Ufer zu. Dieser schöne See war *mein* Besitz!

Ein namenloses Wohlgefühl durchrieselte meinen Körper, als ich die Kehle streckte und die Lippen von den Zähnen zog, um den reinen, wundervollen Trunk zu schlürfen. Mit langen, schier unersättlichen Zügen sog ich den kühlen, duftenden Lebenswein, der meinen Leib erquickte. Doch meinen Geist befiel ein marterndes Entsetzen. Denn meine Augen sahen in der klaren Wasserfläche nicht das Abbild meines menschlichen Gesichtes, sondern das Spiegelbild eines mächtigen Hirschhauptes mit den rührsamen Lusern und den plumpen, schon gegabelten Kolben des sprossenden Geweihes – das Spiegelbild eines kraftvollen, herrlichen Tierkörpers mit schlanken, stahlfesten Läufen, umzottet vom grauen Winterhaar, das sich in Wulsten herausschob, um dem rostroten Sommerkleide Platz zu machen.

Nach dem ersten taumelnden Entsetzen meines Geistes kam ein Wirbel jagender Gedanken. Nun verstand ich. Und alles wußte ich wieder, was in der Nacht geschehen war.

Unklug hab' ich einen der »Ewigen« geleugnet. Er strafte mich dafür. Und nun bin ich in einen Hirsch verwandelt – nein – in einen Hirsch gebannt. Ich kann noch fühlen und denken als Mensch, und muß zugleich alles empfinden, was dieses Tier empfindet, in dem ich wohne. Doch über sein Tun und Treiben hab' ich keine Macht. Und der Hirsch hat keine Ahnung von der verwunschenen Menschenseele, die sein Leib beherbergt.

Denn während ich so reflektierte und der schrecklichen Wahrheit auf die Spur kam, tat der Hirsch, um meine Seelenstimmung völlig unbekümmert, eine Sache, die zu meiner augenblicklichen Gemütsbewegung gar nicht paßte. Er warf sich mit dem ganzen Körper ins Wasser, wälzte sich über den Rücken hin und her, schlug mit den Läufen die kristallene Flut zu hohen Sprühbrunnen auf und fühlte sich unglaublich wohl. Ich teilte dieses kühle Behagen mit ihm – er aber teilte mit mir die Ängste meiner gebannten Seele nicht. Und als ich – nein – als *er* sich aus dem See erhob, da schüttelte er sein triefendes Fell, und dann guckte er forschend um sich herum – und wo er auf dem Wasser ein schwimmendes Flöcklein seiner ausgegangenen Winterhaare gewahren konnte, tat er flink einen Schnapp und fraß es auf. Das war für mich kein appetitliches Frühstück. Aber ich wußte sofort: ich tat das – nein – *er* tat das, nicht aus perverser Gourmandise, sondern aus natürlicher Klugheit, um Kapillarstoff zu konsumieren und dadurch das Wachstum seiner Sommerhaare zu befördern. – Sobald ich wieder Mensch werde, soll es keine Glatzen mehr geben; ich werde jedem, der oben zuwenig hat, den Rat erteilen: zum Frühstück aufzuspeisen, was ihm der Bader unten wegrasiert.

Ich schritt dem Walde zu, als die letzten Sterne am Himmel erloschen. Eine Ringdrossel flötete frühlingsselig von ihrem Nest. Ich wäre gern geblieben und hätte diesem kunstvollen Liede gelauscht. Doch *er* schritt weiter. Und ich mußte ihm recht geben, denn ich hatte den gleichen Hunger wie er. Und da wurde jeder Schritt ein Genießen in träumender Sehnsucht. Jeder süße Kräuterduft, der mir entgegenströmte, versprach mir einen Leckerbissen, den der Frühling ersonnen.

Nun ein Glasten, Gleißen und Glänzen von Licht, obwohl die Sonne noch immer nicht gekommen war! Hätt' ich meine menschlichen Augen noch besessen, ich hätte nur graue Morgendämmerung gesehen. Doch für die Augen, die ich jetzt besaß, war das Frühlicht dieser offenen Lawinengasse, die breit den Weg durchbrach, schon eine Orgie von zauberhaftem Glanz. Gleich blitzenden Diamanten hing der Tau an dem leuchtenden Grün der jungen Gräser. Erikablüten brannten wie Rubine; die gelben, berauschend duftenden Kelche der Bergaurikel strahlten wie Goldtopase. Jedes winzige Laubherzchen der Birken war wie ein geschliffener Smaragd, und die weiße Rinde der schlanken Stämmchen schillerte wie poliertes Silber. Dazwischen lagen die Latschenbüsche mit dunklem Sammetschimmer, jeder Felsblock flimmerte gleich einem riesigen Perlengebilde, jeder jungbegrünte Rasen leuchtete von Licht wie eine grüne Himmelsau, und von den wunderlich gezackten Schneeflecken, die noch viele Gräben und Klüfte füllten, ging ein so starkes Gleißen aus, als läge schon grelle Sonne drauf.

In aller schönen Trunkenheit, mit der mich dieser Farbenzauber des frühen Morgens erfüllte, fiel mir etwas Sonderbares auf. Die Verhältnisse und Maße der Dinge waren völlig anders, als ich sie kannte. Die Berge waren niedriger, die Bäume dicker, als ich sie noch gestern mit meinen Menschenaugen gesehen hatte. Alle Dinge schienen über Nacht an Breite gewonnen, an Höhe verloren zu haben. Kam das so, weil ich jetzt anders gestaltete Augen hatte, als die Menschen sie besitzen – Augen mit breiten, schlitzförmigen Pupillen? Doch wenn die Gestalt der Dinge abhängig ist von der Bildung des Auges, das sie betrachtet – was ist dann Wirklichkeit? Was ist Wahrheit?

Es blieb mir keine Zeit, diesem Gedanken nachzuhängen. Denn ich fing – nein – *er* fing schon behaglich zu äsen an. Dabei konnte er mit den Augen bei anderen Dingen sein. Nase und Lippen verrieten ihm alles, was er zur Auswahl seines Mahles wissen mußte. Und diese feinen Kräutchen, die er wählerisch pflückte, schmeckten uns beiden besser, als mir je im Leben die Meisterwerke eines französischen Koches gemundet haben.

Da hörte ich plötzlich ein Geräusch, das mir mißfiel. Ich hob mit einer strengen Bewegung das Haupt und äugte, windete und lauschte. Der Lufthauch des Morgens zog von mir fort, talwärts, der Stelle zu, von der ich das Geräusch vernommen hatte. Mein schärfster Sinn, die Klugheit meiner Nase, versagte. Das machte mich unruhig – oder um es mit einem menschlichen Worte richtig zu sagen: nervös! Doch das Ohr beschwichtigte meine Sorge. Ich hörte einen Schritt und wußte: es kam da irgendwo von meinen Brüdern einer.

Und richtig! Über vierzig Gänge schoben sich auf erhöhtem Rain die leuchtenden Stauden auseinander, und es erschien ein junges, vom Winter übel zugerichtetes Herrchen, das noch die dünnen, morschgewordenen Spieße vom letzten Sommer trug. Es schien ihm nicht willkommen zu sein, mich sehen zu müssen. Das schlanke Kerlchen schien Angst zu haben, verzog in schnellem Mienenspiel die Lippen und schob den linken Vorderlauf nach rückwärts. Ich hatte bei dieser Bewegung keinen Laut vernommen – und dennoch hatte der magere Knabe *gesprochen!* Und hatte meinen Namen genannt. Und da wußte ich nun, wie ich hieß in meinem neuen Leben – nein, wie *er* hieß, in dessen Leib ich wohnte. Als ich in meinem menschlichen Geiste, der mir geblieben war, das sprechende Mienenspiel des ausgehungerten Jungen nachzuahmen versuchte, hatte ich die Vorstellung eines dreisilbigen Wortes: »Lu-maar-u.« Und ich wußte gleich, daß dieses Wort bedeutete: »Der hochbejahrte, mächtige Herr aus dem edelsten Geschlecht des Lebens.« Oder man könnte auch übersetzen: »Der große, kraftvolle Vater, die Krone der Schöpfung.« Es scheinen also die Hirsche genauso überhebungsvoll von ihrer Spezies zu denken, wie wir Menschen von der unseren.

Ich drehte – nein – Lumaaru drehte sich halb und machte mit dem Haupt eine ruhige Bewegung. Das sagte: »Armer Schwächling! Sättige dich auf meinem Weideplatz! Doch komme mir nicht zu nahe! Das Beste hier ist mein.«

Aber das magere Herrchen schien dem Landfrieden, der ihm da verkündet wurde, nicht zu trauen. Hurtig verschwand es hinter den Stauden. Und da war in Lumaaru ein Gefühl unsäglicher Verachtung alles Lebens, das kränklich, furchtsam und kraftlos ist.

Er schüttelte sein Fell und begann zu äsen. Und da kam nun eine Stunde, die von wundersamer Schönheit war. Alle Verstörtheit, die seit der Erkenntnis meiner Verwandlung noch in meinem Bewußtsein zitterte, verwandelte sich in wohliges Behagen, in köstliche Sättigung, in ein ruhiges Genießen dieser zaubervollen Morgenstunde, in ein frohes Zusammenwachsen mit dieser heiligen, von märchenhaften Farben durchleuchteten, von geheimnisvollen Klängen durchrauschten Frühlingseinsamkeit. Bedächtig schmausend, mäßig und zufrieden, wählte ich aus der Fülle der jungen Kräuter mein duftendes Mahl. Jeder Bissen wurde mir gewürzt von einem Strom der Wohlgerüche, die dem plaudernden Wald entströmten und aus den Knospen der sprossenden Blumen quollen. Immer sagte mir der feine Sinn meiner Nase: »Dieses Kräutlein nimm, es ist dir zuträglich ... jenes andere laß stehen, es ist dir schädlich.« Mein Hunger gehorchte diesem Rate wie ein wohlerzogenes Kind – und ich erkannte: daß die Tiere der Wildnis vernünftig speisen, und daß wir Menschen sinnlos fressen.

Und während ich aß – verständiger, als ich mich jemals in meiner Menschenzeit gefüttert hatte – umfunkelten mich die gesteigerten Farben des Morgens, und in der weiten Runde plauderten und sprachen, jubelten und rauschten die Stimmen des hundertfältigen, allgegenwärtigen Lebens, das fröhlich und hoffnungstrunken der steigenden Maiensonne entgegendürstete. Sonst, mit meinen menschlichen Sinnen, wenn ich solchen Morgen in den Bergen sah, empfand ich: das ist Stille, in der die Bäche murmeln, die Wipfel flüstern und die Vögel zwitschern. Doch was ich jetzt erlauschte, mit Lumaarus feinhörigen Ohren, das war wie eine wogende Symphonie, bei der sich unzählbare Stimmen, mächtige und zarte, träumerische und jauchzende ineinanderwoben. Das Springen und Lachen der hurtigen Gewässer, bis in die weite Ferne, war wie Orgelklang und Glockenläuten, der Zug des frischen Morgenwindes wie das Brausen eines nahen Meeres. Die felsigen Wände der Berge tönten und knisterten, die stürzenden Steine sangen und dröhnten. Jeder alte Baum des Waldes summte das Lied seiner hundertjährigen Schönheit, und die kleinbegrünten Birken kicherten vergnügt wie junge Mädchen in neuen Kleidern. Gleich dem schwirrenden Gesumse einer großen, fernen Menschenmenge war das Zirpen und Geraschel des winzigen, nach tausend Arten zählenden Getiers, das unter Moos und Gras erwachte. Und überall das Brummen und Klingen des Käferfluges, überall das jubelnde Morgenlied der Finken, das Meisengelächter und der flötende Drosselschlag – ein Lied voll Kraft und Wohllaut ohnegleichen. Und eine staunende Ahnung ließ mich fühlen, daß alle diese Stimmen des schönen Morgens das gleiche jubelten: »Ich lebe, lebe, und ich freue mich!«

Lumaaru speiste mit gemächlichem Behagen. Er sah und hörte alle Dinge dieses Morgens so, wie ich sie hörte und sah. Doch während in meinem menschlichen Bewußtsein ein schönheitstrunkenes Staunen über den klingenden und leuchtenden Zauber dieser Frühlingsfrühe zitterte, war in Lumaaru eine ruhige Zufriedenheit, in der keine zwecklose Neugier rege wurde. Er fragte mit keinem Gedanken: »Wie ist das alles? Wo kommt es her? Wie schwindet es wieder? Wer gab mir dieses Schöne? Wer wird mir's wieder nehmen? Und warum?« Es war in ihm nur dieses *eine* Denken: »Das alles ist so, wie es ist. Solang es dauert, kann ich es genießen. Und wenn es schwindet, kann ich es entbehren. Jetzt *hab'* ich es.«

Da fühlte ich plötzlich eine grauenvolle Pein in meinem Kopfe – nein, Lumaaru fühlte diesen Schmerz in seiner Nasenhöhle. Und ich empfand ihn mit. Und hätt' ich meine Stimme noch gehabt, ich würde vor Qual geschrien haben, wie schwächliche Menschen schreien, denen ein Zahn gerissen wird. Lumaaru hatte keinen Laut in seinem Schmerz. Was mich so gräßlich marterte, das schien er als eine ganz natürliche, nur etwas unbequeme Sache hinzunehmen. Er streckte das Haupt zu Boden und fing energisch zu niesen an. Und da war ich plötzlich von dieser fürchterlichen Pein erlöst. Lumaaru hielt noch immer das Haupt gesenkt. Aufmerksam und nachdenklich betrachtete er das kleine, sich krümmende Würmchen, das er aus seinem Leben hinausgeblasen hatte: die Larve einer Rachenbremse. Dabei war keine Spur von Groll in seinen Gedanken. Mit einer Heiterkeit, die man als versöhnlichen Humor hätte bezeichnen können, monologisierte er in seiner stummen Mienensprache: »Guck! Du winziges, unbegreifliches Luderchen! Du dunkle, häßliche Sache meines schönen Lebens! Seit der seligen Rotzeit des vergangenen Jahres, durch die vielen, kalten Weißtage, wohntest du in meinem Kopfe! Hast gefressen von meinem zartesten Fleische und hast mich gemartert! Aber jetzt bist du draußen! Jetzt hab ich Ruh vor dir! Und *ich* bin der Klügere, weil ich niesen und mich befreien kann von meiner Pein, und weil ich jetzt weiß, daß mein großes Leiden nichts anderes war als nur ein kleiner Zappelwurm in seinem Schleim!«

Wahrhaftig, Lumaaru *lachte!* Stumm, doch ungemein vergnügt. Ich fühlte diese Heiterkeit mit ihm. Und dennoch war in meinem menschlichen Bewußtsein ein angstvoller Ekel, so daß ich hätte schreien mögen: »Lumaaru! Du Kamel der Wildnis! Sei nicht so gutmütig! Zerstampfe mit deinem stählernen Huf dieses scheußliche Gewürm! Wenn du es nicht tötest, wird es sich bis zur heißen Grünzeit in eine Hirschbremse verwandeln, die dich wieder sticht, dir wieder ihre Eier in die Nase legt!« Aber Lumaaru fühlte meine lautlos schreiende Warnung nicht. Er wandte sich von dem zappelnden Würmchen ab, tat noch einen behaglichen Schneuzer, schüttelte wohlig das Haupt und machte sich wieder an sein duftendes Mahl, das uns beiden jetzt noch besser mundete als zuvor.

Und wundersame Flammen loderten plötzlich vor meinen Augen. Die Sonne war gestiegen, hatte die Helle des Morgens gesteigert und bestrahlte die gegen Osten blickenden Gipfel der Berge. Sonst, mit meinem menschlichen Sehvermögen, hatte ich solchen Morgenglanz immer als ein zartes, rosiges, den Augen wohltuendes Leuchten wahrgenommen. Jetzt, mit Lumaarus Lichtern, sah ich diesen Widerschein der Sonnenberge als eine wogende Glut.

Lumaaru war nicht geblendet von diesem grellen Sonnenglanz. Die ovalen Pupillen seiner Augen verengerten sich sehr, und da dämpfte sich für ihn der Schein des Morgenlichtes. Aber nun sah er nur noch das Ferne gut und scharf; alle Dinge der Nähe bekamen für seinen Blick etwas Verschwommenes. Das erweckte in Lumaaru ein Gefühl der Unsicherheit. Er windete er-

regt nach allen Richtungen, schüttelte unbehaglich das Haupt, und obwohl er noch nicht völlig gesättigt war, unterbrach er sein Frühmahl und trabte gegen den Morgenschatten des Waldes. In dieser kühlen Dämmerung wurde ihm wieder wohl zumute. Er strebte seinem Lager zu und verhielt sich auf diesem Wege nur immer kurze Zeit, um einen knospenden Buchenzweig zu knuspern oder geschickt die kleinen, jungen Blättchen eines Birkenastes abzustreifen.

Dabei hatte mein Menschenverstand wieder allerlei zu fragen. Warum bildete die Natur nachtsehende Tiere und solche mit Tagaugen? Um allen Wandel der Zeit für das Leben auszunützen und das Dunkel wie die Helle gleichmäßig zu bevölkern? Oder war das nur Entwicklung des Lebens? Anpassung an die Phasen der irdischen Verhältnisse? Dann müßten die Ahnen aller nachtsehenden Geschöpfe von heute zurückreichen bis in jene Zeiten der Erde, in denen der sumpfige, mit Farnen und Schachtelhalmen überwucherte Erdboden am Tag die Sonne niemals sah, weil sie stets umlagert war von dichtem, wirbelndem Wettergewölk. Und wie diese stete Dämmerung unter den lichtverschlingenden Wolkenmassen es forderte, so bildeten sich die Augen der Geschöpfe: großpupillig, empfänglich für jeden matten Schimmer des Lichtes, schmerzhaft empfindlich für jeden seltenen Glanz. Und als die Feuchtigkeit der Erde immer mehr in den Weltenraum verdunstete und son-

Lumaaru war nicht geblendet von diesem grellen Sonnenglanz.

nenklare Tage kamen, begann bei den Tieren entweder das Widerstreben, die Flucht in das Dunkel – oder die Gewöhnung an die Helle, die Umformung der Augen und die Entwicklung zu tagfrohen Geschöpfen. Dann muß der Maulwurf noch älter sein als die Eule, das Geschlecht der Eule älter als die Ahnenreihe Lumaarus, die Gattung der Hirsche älter als das Geschlecht des Adlers. Die helleren Tage der Erde formten und erzogen Geschöpfe mit kleinpupilligen, lichtbezwingenden Augen, schufen ein froh verjüngtes Leben, das in den Nächten schlummert und sich am Morgen der strahlenden Sonne freut.

Du hunderttausendjähriges Geschlecht der Menschen mit deinen lachenden Sonnenaugen. Wie jung noch mußt du sein! Doch wenn in kommenden Zeiten die Bäche versiegen und die Meere vertrocknen, wenn Wolken nimmer ziehen und Regen nimmer fällt, wenn die Tage zu unerträglicher Glut, die Nächte zu mörderischem Froste werden? Du junges Geschlecht der Menschen von heute? – Was wird dann werden aus dir? Wirst du zugrunde gehen, weil deine Sinne sich dem Neuen nicht anbequemen? Wirst du erlöschen, wie der Riesenalk und das Mammut erloschen? Oder wird die Not deinen Geist noch erfinderischer machen, als er heute schon ist? Bist du schon auf dem Wege zur Klugheit kommender Zeiten? Wirst du kochen ohne Holz und Kohle, deine Heimstatt erwärmen ohne Feuer, sie beleuchten ohne Kerze, dich tränken und reinigen ohne Wasser? Wirst du alles mit der auf- und niedertauchenden Sonne machen, mit den gelösten Rätseln des

Äthers, mit neu erschlossenen Kräften der Natur? Mensch, der du es heute schon verstehst, ein bißchen zu flattern – wirst du mit gewandelten Augen in die trockene Glut der Sonne schauen und der ungeflügelte Adler kommender Zeiten werden, um die tötende Nacht zu fliehen und immer dem strahlenden Tage zu folgen? Wirst du Luftstädte bauen aus Aluminium, die von erst noch zu entdeckenden Kräften der Zukunft schwimmend in der Höhe erhalten werden, in erträglicher Kühle, hoch über dem dürren Brand des toten irdischen Bodens? Und werden die Chemiker deines kommenden Geschlechtes köstliche Speisen aus Wind bereiten und mundige Weine keltern aus den Gasen der Luft?

Oder wirst du rückständig bleiben, wird dein Auge die Glut des Tages nicht ertragen lernen, deine Haut nicht den Frost der Nächte? Wirst du ein Dämmerungstierchen werden, ein Abendschleicher und Morgenflüchtling? Und ein Weilchen noch jauchzen unter kleinen Sternen und dann immer mühsamer atmen, weil deine altmodische Lunge sich in diesem dünnen Rest von Atmosphäre nimmer sättigen kann? Und wirst du endlich erlöschen und vergehen, um neuen Formen des Lebens Platz zu machen, wunderlich gearteten Geschöpfen, für die der Frost und die Hitze ein Gleiches sein wird, und welche trinken werden ohne Trank, essen ohne Speise und atmen ohne Luft? ––

Aus solchen Gedanken wurde ich durch ein Gefühl unsagbaren Wohlbehagens aufgeweckt. Und da möcht' ich eine Hymne singen, süßer und zärtlicher, als sie im

Abendduft der Weinberge aus Salomos berauschten Sinnen klang.

Sage mir, Mensch, was dir als der herrlichste Genuß deines Lebens gilt? Frühling, Liebe, Jugend, Reichtum, Wissen, Beifall und Ruhm, die neueste Mode, Schönheit, Kunst?

Keines von diesen köstlichen Dingen vermag dir solch ein ungetrübtes Glücksgefühl zu werden, wie es für Lumaaru dieses Eine war: das Salz.

Er stand in der schattigen Morgenstille des Bergwaldes bei der von vielem Wilde verwüsteten Salzlecke, hielt in seligem Behagen die Augen geschlossen, knabberte von den bitteren Steinen und trank wie ein Berauschter diese saure Tunke.

Die Menschen glauben zu wissen, was Salz ist. Und dennoch ahnen sie nicht, was dieses köstliche Wort bedeutet. Auch Lumaaru schlürfte, ohne das Geheimnis dieses lebenerquickenden Wunders völlig zu erfassen. Doch ich, der ich mit menschlichem Bewußtsein in Lumaaru wohnte und dieses namenlose Tierbehagen mitgenoß – ich verstand es. Das Geheimnis lag nicht allein im Salze. Es war auch in Lumaaru selbst. An sich ist alles ein Unbestimmtes. Erst die Art, wie das Leben die Dinge der Natur zu nehmen weiß, macht sie kostbar oder wertlos, gut oder schlecht. Das Beste an diesem köstlichen Wunder des Salzes war Lumaarus kraftstrotzende Gesundheit. Seit dieser Stunde, zu der ich in Lumaarus Kraft und mit seiner unverbrühten Zunge das Salz genoß, bin ich des Glaubens geworden, daß kein Mensch zu genießen vermag, wie das Tier genießt, und daß auch ein leidendes Tier noch gesünder sein muß als ein schmerzloser Mensch.

Aber für Lumaaru war der Genuß des Salzes nicht nur eine leckere Wonne in Gesundheit. Die Sache beförderte unleugbar den glatten Fortgang der Verhärung. Ich hatte das Gefühl, als ginge mir – nein, ihm – die Winterwolle jetzt viel leichter aus. Und noch ein anderer Vorteil war dabei, ein *sehr* gesunder, der sich im Verlaufe der schattenkühlen Promenade zur Lagerstätte glatt und vornehm erledigte. Ich muß aufrichtig bekennen, daß ich in diesen drei Sekunden der natürlichen Erleichterung lieber Hirsch als Mensch war. Lumaaru erledigte dieses Notwendige mit einer wahrhaft beneidenswerten Sauberkeit. Was für uns Adamskinder ein Häßliches ist, das war für dieses Tier beinah ein Schönes – keine Störung seiner Lebensruhe, kein Schatten in seiner ästhetischen Frühlingsmorgenfreude, nicht einmal ein Aufenthalt auf seinem Wege. Er brauchte mit seinen Gedanken gar nicht dabeizusein, brauchte sich in keiner Form um die Sache zu kümmern, mußte nicht die stolze Haltung seines Körpers abscheulich verkrümmen und hatte keine von jenen unliebsamen Manipulationen nötig, die in menschlich einsamen Stunden keinem Heldentenor, keinem König und Papste von seinem Kammerdiener abgenommen werden. Die vielgerühmten entwicklungsgeschichtlichen Vorzüge des Menschengeschlechtes – sein aufrechter Gang und der Besitz von Händen – haben doch auch zuweilen ihre unleugbaren Übelstände. – –

Lumaaru hatte sein Lager erreicht. Es war nicht das

gleiche wie in der Nacht, kein Schlupf in der Dickung, sondern ein schöner, mooslinder, kühl umschatteter Ruheplatz in herrlichem Hochwald. Einzelne Sonnenstrahlen, gleich Brandpfeilen, flackern um das blaugrüne, wundersam tönende Wipfeldach des Waldes. Und Lumaaru lag noch kaum auf der Erde, als zahlreiche Fliegen, in allen Farben schillernd, zwischen den Bäumen herangeschossen kamen, als hätte der Duft von Lumaarus Gesundheit aus weitem Kreise des Waldes eine ganze Hölle von Blutsaugern herbeigerufen. Aber sonderbar! Diese Surrenden, die nach unserem Blute dürsteten, kamen nicht ganz heran – sie schienen in der Luft wie gegen eine unsichtbare Wand zu stoßen und machten kehrt und verschwanden, als läge schützend um Lumaaru ein geheimnisvoller Zauberkreis.

Was war das?

Als ich das Rätsel zu ergründen glaubte, befiel mich andächtiges Staunen vor der Klugheit und den feinfühligen Sinnen der Tiere.

Während Lumaaru sich zur Ruhe niedergelassen, hatte ich mitempfunden, daß seine sensible Nase einen scharfen, unbehaglichen Geruch überwinden mußte, der die Stätte seines Lagers umwitterte. Und nun, während Lumaaru so fliegensicher rastete, wurde dieser Dunst um ihn her immer stärker. Ich erinnerte mich an meine Knabenzeit und an die üblen Düfte, die aus den Schachteln meiner Käfersammlung quollen. War eine solche Volksversammlung toter Käfer in dem hohlen Baum verborgen, neben dem sich Lumaaru zur Ruhe niedergetan? Denn unverkennbar strömte aus dem dunkelklaffenden Höhlenspalt des Baumes dieser Ätzgeruch der Käferfäule – und Lumaaru, der sonst nur die erquickenden Wohlgerüche liebte, ertrug diesen bitteren Dunst, der die Fliegen verscheuchte. Aus Blutdurst wären die kleinen Sumser auch in den Schatten geflogen, den sie haßten. Dieser Geruch aber jagte sie in die Flucht, sobald sie ihn merkten. Er war für sie wie eine steinerne Wand, von der sie zurückprallten. Warum? Als Jäger weiß ich, daß eine Stelle, an der ein verendetes Wild verwest, von allem gesunden Wilde der gleichen Art gemieden wird.

Wohnt ein ähnliches Grauen vor dem Todesgeruch der eigenen Gattung auch in den Fliegen und Bremsen? Weil sie so erschrocken davonstoben vor dem Übelduftte dieser Insektenfäule, den Lumaaru mit Selbstbeherrschung überwand?

Wie aber gerieten tote Insekten so mengenweise in den hohlen Baum, daß ihre Verwesungsdünste auf zwanzig Schritte im Umkreis schwer die Luft erfüllen konnten? Und je wärmer der Morgen wurde, um so schärfer kam es aus dem Baume herausgedunstet. Lumaaru bemerkte das mit Unbehagen. Und da dachte er, was in freier Übersetzung etwa lauten würde: »Sei tapfer, mein Näschen! Die kleinere Plage ist erträglicher als die größere Qual!« Ich fühlte deutlich, daß Lumaaru humorvoll schmunzelte. Doch unverständlich blieb mir der Gedanke, den er an diese Lebensweisheit anschloß: »Meine kleinen Freundinnen fanden wohl reichlichen Fraß in dieser milden Nacht? Und arbeiten heute fleißiger, als für mich notwendig und nützlich ist.« Und als Lumaaru dieses Wunderliche gedacht hatte, wandte er das Haupt gegen den Baumspalt hin und spähte sinnend in die farbige Dämmerung der kleinen Höhle.

Nun sah ich ein seltsames Schauspiel der Natur. Schlummernd hingen in dem von Spechten ausgemeißelten Baume drei Fledermäuse an den Hinterbeinen, mit den Köpfen nach abwärts, jede umfaltet von den grauen Flügeln, wie eingewickelt in kleine, zusammengeklappte Regenschirme. Es waren drei junge Mütter. Unter den gefalteten Flügeln rührte sich immer was. Dieses Rührsame waren die im Schlafe saugenden Kinderchen, von denen jedes an die Brust seiner Mutter geklammert hing. Die Mütter nährten, während sie schlummerten. Und während sie schliefen, gehorchten sie auch emsig einer unweigerlichen Pflicht des Lebens, die sie in dieser hängenden Stellung, mit dem grauen Bäuchlein nach oben, nicht erledigen konnten. Und drum begann von den schlafenden Müttern bald die eine und bald die andere im Tagesdusel ein bißchen zu schaukeln, und schaukelte sich immer stärker, so lange, bis sie mit der Handkralle die Seitenwand der Höhle erfassen konnte. In dieser horizontalen Lage glückte der grauen Schläferin die dringend notwendige Sache. Und so fiel denn wieder, wieder und immer wieder in die Tiefe des Baumspaltes hinunter, was am verwichenen Abend noch eine Frühlingsfliege, ein in verliebter Sehnsucht schwirrendes Käferchen oder ein gaukelnder Dämmerungsfalter gewesen war. In ganz erstaunlichen Massen füllten die Reste dieses umgemodelten

Insektenlebens die Baumhöhle. Und die noch immer wachsenden Tropfberge der Verdauung schimmerten im Zwielicht des Höhlenspaltes von glasigen Flügelsplittern, von Fragmenten farbiger Käferflügel, von geknickten Insektenbeinchen und Schmetterlingsgliedern, die der Umformung widerstanden hatten.

Eine englische Gouvernante würde ›Shocking!‹ sagen. Aber lächerlich und unappetitlich erscheinende Dinge werden zu einer ernsten, fast heiligen Sache, wenn man ihre Zusammenhänge mit dem ewigen Räderwerke der Natur zu ahnen vermag. Und was ist da nun erstaunlicher? Die geradezu riesenhafte Leibesleistung der winzigen Fledermäuse? Oder das hier im kleinen sich wiederholende Bild der großen Lebenswandlungen und des chemischen Umformungsprozesses der gewaltigen Erde? Oder das stille Mutterglück im hohlen Baum? Diese natürliche Kinderwiege der gefalteten Mutterflügel? Oder das unglaublich feine Witterungsvermögen der heransurrenden Fliegen und Bremsen, die in Schauder auf tausend Körperlängen einen Friedhof ihrer Gattung rochen und die Nähe der verborgenen Todfeinde spürten? Oder die Klugheit Lumaarus, der bewußt ein Widerstreben seines schärfsten Sinnes überwand, um mit einer kleineren Plage die Erlösung von einer größeren Lebenspein zu bezahlen?

Aber warum nur guckte er noch immer mit dieser gespannten Aufmerksamkeit in den Baumspalt, erwartungsvoll jede leiseste Bewegung der Fledermäuse verfolgend?

Ich sah, daß die grauen Freundinnen in ihrem Halbschlaf unruhig wurden. Und plötzlich rückte die größere und dann jede der beiden kleineren mit baumelnden Bewegungen seitwärts in die dunklen, gegen jeden Windhauch geschützten Klüfte der Baumhöhle. Bei dieser Wanderung entfaltete eine der grauen Mütter ein bißchen die geschlossenen Flügel, und es lugte da ein winziges Kindchen heraus, dessen Anblick für mich zu einem Schreck, zu einer mahnenden Erkenntnis und zu einem Gefühl der Rührung wurde. Denn dieses halbentwickelte, noch spärlich behaarte Fledermausbaby hatte eine ganz verblüffende Ähnlichkeit mit jenen ungeborenen Menschenkinderchen, die in anatomischen Museen dem Alkohol frönen, ohne einen Genuß davon zu haben.

»So«, dachte Lumaaru, »da wird's nun gleich erträglicher werden!« Und er hatte das kaum gedacht, als der talwärts ziehende Schattenwind umschlug in einen scharf bergaufwärts strömenden Sonnenwind, der, weil Lumaaru unterhalb des Baumes ruhte, den aus dem Höhlenspalte quellenden Ätzgeruch zu einem leicht erträglichen Dunste milderte. Die Fledermäuse hatten diesen Umschlag des Windes vorausgefühlt und sich für Lumaarus Sehnsucht nach Wohlbefinden als eine verläßliche Uhr erwiesen.

Und als Lumaaru nun mit ungetrübtem Behagen ruhte, kam eine merkwürdige Sache – so ähnlich, wie einem gemütlich rastenden Menschen freundliche Erinnerungen, ein süßer Nachgenuß vergangener Freude und köstlich träumende Bilder kommen. Wir verspürten plötzlich einen wunderlich angenehmen Kitzel in der Magengegend, und dann quoll unter drolligem Gurgellaut ein prachtvoll schmeckendes Haschee über unsere Zunge hin. Meine menschliche Ästhetik fühlte im ersten Moment einiges Widerstreben gegen diesen konträr servierten Nachtisch. Doch mein Widerwille wurde alsogleich zu herrlichem Wohlgeschmack und unbeschreiblichem Behagen. Was wir Menschen das Geschäft des Wiederkäuens nennen – eine nach *unserem* Gusto ganz unbegreifliche Sache –, war für Lumaaru einer von seinen sublimsten Lebensgenüssen.

Die gelehrten Zoologen wissen nicht, warum es Wiederkäuer gibt, und welchen Sinn dieser wunderliche Trick der Natur besitzt. Hypothetisch zu sagen: der Magen hat halbgekaute Nahrung verschlungen und schickt sie – gleich einem übellaunigen Bureauchef – mit Protest zurück, damit sie von den kleinen knöchernen Beamten des Gebisses gründlicher erledigt würde – das ist keine Erklärung. Wenigstens keine zutreffende. Die Raubtiere und Vögel verschlingen ihre Nahrung in groben Brocken, und ihr Magen wird mit der Arbeit fertig. Auch konstatiere ich, daß wir beide, Lumaaru und ich, unser süßduftendes Frühmahl ausreichend gekaut hatten. Die rätselhafte Sache kann auch mit der Pflanzennahrung nicht zusammenhängen. Sonst müßten *alle* Pflanzenfresser Wiederkäuer sein. Das ist aber nicht der Fall. Und die es *nicht* sind, kauen ihr Grünzeug auch nicht besser, als Lumaaru und ich das am Morgen erledigt hatten. Ein Geheimnis der Natur? Oder eine von ihren Vergeßlichkeiten – wie etwa der Blinddarm im Menschenleibe? Oder eine rückständige

Mode von Anno dreißig Millionen vor Christi Geburt? Und dann ein Alterszeichen der Zweihufer? Sollte der Wiederkäuermagen seine Entstehung zurückleiten bis in die Periode einer längst verschwundenen Vegetation, deren Zweige und Blätter so schwer zu verdauen waren, daß die Natur es mit dem besten Willen keinem Magen zumuten konnte, diese Arbeit glatt in *einem* Prozesse zu erledigen? Wenn die Hirsche vor Zeiten einmal gestachelte Farne und zähe Schachtelhalme kleinkriegen mußten, wär' es auch begreiflich, daß sie dazumal scharfe Eckzähne nötig hatten, welche späterhin, als die Pflanzennahrung milder und bekömmlicher wurde, zu völlig unnützen Knöchelchen degenerierten – zu den »Granen«, die nur noch den *einen* Zweck besitzen, daß ein stolzer Hochwildjäger sie mit Goldfassung als Manschettenknöpfe tragen kann. – Wenn einst die Pflanzenfresser eisenhartes Holz zernagen, Dornen und lederzähe Moose verschlucken mußten – hätte da nicht bei dieser blutigen Fütterungsqual ein Denker unter den Zweihufern mit verzeihlichem Pessimismus einmal auf den Einfall kommen können: »Nein, lieber nicht, das Verhungern ist angenehmer, als sich auf solche Weise ernähren zu müssen?« Derartigen Pessimismus durfte die Natur nicht dulden, sie mußte ihre Geschöpfe zu ausdauerndem Optimismus erziehen. Auch würde sie das Leben seit Ewigkeiten nicht erhalten haben, wenn es für ihre im Kreise laufende Entwicklung nicht ein Unentbehrliches wäre. Natur! Du Kluge, du Reiche an Listen, du Meisterin aller hilfreichen Mittel! Wie du die Geschöpfe durch das Geschenk der Wollust zwangest, ihre Gattung zu erhalten, so trau ich dir auch zu, daß du die Pflanzenfresser der Vorzeit durch eine leckere Freude der Verdauung bestachest, den Schmerz und die Pein einer gröblichen Ernährungsmühe mit Geduld zu ertragen, in der Hoffnung auf köstlichen Lohn. Als du die steinerne Erdrinne umgemodelt hattest zu lindem Humus, und als du zartere Pflanzen formen konntest, die leichter zu knuspern waren, da erfandest du auch moderne Pflanzenfresser, die den Wiederkäuermagen entbehren konnten. Warum aber ließest du ihn den Hirschen und Genossen? Weil du keine Zeit fandest, ihn umzubilden? Weil dreißig Millionen Jahre für den Zeiger deiner Uhr noch keine Sekunde bedeuten? Weil du – mit dem kleinen Maßstab des Menschlichen gemessen – nicht nur »grausam« sein kannst um deiner Zwecke willen, sondern auch dankbar, gütig und liebevoll? Denn jene verkennen dich, die da sagen: du hättest hinter jede helle Freude einen dunklen Schmerz gestellt. Wer dich recht erkannte, weiß, daß du das Umgekehrte tust: jedwede unerläßliche Lebensmühe belohnst du mit dem Geschenke eines frohen Jubels. Allen Geschöpfen, die sich redlich deinem Dienste weihen, machst du das Leben schön und süß. Wird es ihnen häßlich und bitter, so sind nur sie allein die Schuldigen, weil sie sich entfernten von dir und falsche Gedanken denken. Meister im falschen Denken ist dein entartetes Kind: der Mensch. Und ich traue meinen eigenen Gedanken von jetzt nur deshalb leidliche Richtigkeit zu, weil ich, denkend als Mensch, doch in Lumaarus Körper und mit seinen Sinnen empfinde als ein gesundes, kraftvolles, furchtlos ruhiges Tier in seinem unsagbaren Wohlgefühl. Natur, du dankbare! Als du die Erde in milderem Grün erblühen ließest und Pflanzen formtest von zarteren Geweben – wogst du damals gegen die Notwendigkeit, nun auch neue Arten pflanzenschmausender Tiere bilden zu müssen, das glückliche Behagen eines wiederkäuenden Hirsches ab? Und sprachst du da wie Gott in der Bibel: »Ich sehe, daß es gut ist!« Und sagtest du zum Hirsche und zu allen, die noch wiederkäuen: »Euren Ahnen war Ernährung eine Plage, jetzt will ich erkenntlich sein und will euch Enkeln, ohne daß ihr schwere Arbeit leistet, den leckeren Lohn belassen, den ich den Neugewordenen nimmer zu bezahlen brauche, weil sie im sanften Frühling der Erde ein leichtes, müheloses Leben haben!«

Ob es so war? Die Köstlichkeit des schönen Augenblickes gab mir diesen Gedanken wie einen zärtlichen Traum und wie ein gläubiges Schauen. Wundersame Stunde! Glück und Ruhe warst du, wunschlose Zufriedenheit, Lebensfreude ohne Sehnsucht! Wohlig erquickte die kühle Rast den gesunden, kraftstrotzenden Leib; Zunge und Gaumen kosteten eine würzige Speise, die wie Haschisch wirkte und den rauhen Bergwald verwandelte in einen Zaubergarten von Nirwana. Und was da die ruhigen Augen sahen, Licht und Schatten, leuchtende Farbe und stilles Grau, alles war ein Klares und Selbstverständliches, und alles war *mein* Besitz. Mit berauschendem Wohlruch, den die Schwingen des Windes trugen, grüßten die Frühlingsblumen des Tales zu mir herauf, und jeder Bach der Tiefe, wachsend von den strömenden Schneegewässern, sang sein stürmendes Taglied in die Sonne. Die Wipfel der Bäume plauderten und sprachen, die alten Stämme summten, jedes Ästlein knisterte und flüsterte. Unzählbare Stimmen überall! Fern im Dickicht die polternden Sprünge eines Rehes und sein laut trompetender Schmälruf; dann wieder das nahe Schnalzen und Gekicher eines hochzeitlichen Eichhornpärchens, das blitzschnell um die Bäume raschelte und zärtliches Verstecken spielte; und von Ast zu Ast das selig erregte Geflatter der nestbauenden Vögel, ihr Schwatzen und Singen, schmetternd und lockend, leis und froh. Dann jählings eine brüllende Riesenstimme, die alles Gepisper des kleinen Lebens überdröhnte: das Rollen und Gedonner einer Frühlingslawine, die droben von den kahlen Wänden niederging – und Raum für kommende Blumen schuf.

Und alle diese Stimmen klangen um meinetwillen und sangen das Schlummerlied meines wohlig beginnenden Schlafes, in dem ich alles wußte, was in der Runde um mich her geschah.

Panik im Walde

Ich erwachte – weil ich im Schlummer den erregten Sprung eines Wildes meiner Art vernommen hatte.

Noch blieb ich liegen, hob nur mit einer raschen Bewegung das Haupt und windete nach allen Seiten. Doch ich fühlte keine Spur vom üblen Geruche einer Gefahr.

Meine Lichter spähten. Nichts Ungewöhnliches war zu sehen. Freilich, die Sonnenreflexe des späten Nachmittages erschwerten mir mit ihrem grellen, glutroten Gefunkel das klare Schauen.

Meine Sorge – die nicht Sorge war, nur kluge Vorsicht – beruhigte sich wieder. Doch plötzlich fuhr mir ein nervöser Zuck durch das innerste Leben. Und da war ich auch schon aufgesprungen. Mein feines Gehör hatte vom tieferen Walde herauf ein Geraschel vernommen, das an kein Wild meiner Gattung denken ließ. Und richtig, meine Nase sagte mir auch gleich, was da drunten los war. Über eine Strecke von hundert festen Sprüngen, wie ich sie in schneller Flucht zu machen pflege, witterte ich deutlich in allem Strom dieser vielen Düfte den säuerlich dunstenden Schleicher, der aus der

Waldtiefe gegen mich heraufkam. Bei jedem Atemzuge spürte ich, daß er sich hastig näherte. Meine Erregung war wieder beschwichtigt. Der Säuerliche, der da kam, war keine Unbequemlichkeit für mich, nur eine verächtliche Sache. Der konnte die jungen Rehkälbchen erschrecken und die Waldhühner fliehen machen, nicht mich. Ich sprach bei diesem Gedanken – nein Lumaaru sagte oder dachte in seiner stummen Sprache ein Wort, von dem ich meinte, daß es wie ›Garil‹ klänge. Dieses Wort bedeutete: ›Ein Fuchs.‹ Wenn ich es sinngemäß und treu übersetze, wird das kurze Wort ein Satz: »Da kommt jenes fleischfressende und deshalb widerlich riechende Haartier, das unter den ihm ähnlichen Tieren meines Waldes das größte ist.«

Dieser Satz war der Name des Fuchses – und das alles sagte Lumaaru mit fünf stummen Lauten: G, die Bewegung, mit der die Zunge den Luftweg der Nase verschließt, bedeutete das Übelriechende, das Abstoßende, das Widerliche; A, kein Laut, nur das Aufblähen der Nüstern beim Atemschöpfen, war das Sinnbild des Lebens, das Zeichen für jedes lebende Geschöpf; das R, das zwischen den Zähnen knirscht, bedeutete alles beißende und käuende Getier, das behaart ist, auf vier Beinen läuft und seine Jungen säugt; J, eine leichte, die Nasengänge pressende Bewegung, wie sie die jungen, noch geschlechtsunreifen Wildkälber bei ihrem Fieplaut machen müssen, war das Zeichen für das geschlechtlich Unentschiedene, für ein Lebensexemplar, von dem sich vorerst mit Sicherheit nicht erwittern läßt, ob es ein Männchen oder Weibchen ist; und das L, eine

Reflexbewegung des Staunens, bezeichnete das voll Entwickelte, das Starke, das Größte seiner Art.

Die Einfachheit und der bilderreiche Geist der Wildsprache zwang mir ein Gefühl der Ehrfurcht ab. Und nach dem Fortschritt, den ich da in ihrer Erforschung gemacht hatte, glaubte ich mir auch völlig deuten zu können, warum ich jetzt, im Körper dieses kraftvollen und schönen Tieres wohnend, den Namen Lumaaru führte. Aar: das behaarte, auf vier Beinen laufende Säugetier; die Verdoppelung des Lebenslautes bedeutete einen gesteigerten Daseinswert, eine von keinem anderen Tier erreichte Höhenklasse der Gattung – à la Nietzsche: ein Herrentier. L: das Zeichen meiner Kraft und meiner von keinem zweiten Hirsche des Waldes erreichten Größe und Vollentwicklung. Das U, an das Brummen des brünstigen Hirsches erinnernd, mußte das Sprachzeichen der gereiften Männlichkeit sein. Und bedeutete die Silbe ar das Säugetier, so mußte maar meine eigene Spezies sein, die Art der Hirsche – und das M, ein Sprachzeichen der Hochschätzung und Zufriedenheit, war der Laut für den Begriff der Subjektivität und des Zusammengehörens, war das Ich und das Wir, das Mein und das Unser. So hatte ich, als ich den Namen Lumaaru zum ersten Male *sah* – nicht hörte – seinen Sinn, dank meinen neuen Augen, klar und richtig empfunden: »Der große, kraftvolle Vater, Ich, der Herrlichste meiner Gattung, von allem behaarten und auf vier Beinen laufenden Leben das Edelste, ich, der sieghafte Mann, der auf Erden nicht seinesgleichen hat!« Das stolze Selbstgefühl dieses Nachsatzes war – genauso wie im Lebenslaute – durch die Verdoppelung ausgesprochen, die im Namen Lumaaru dem Zeichen der Männlichkeit verliehen ist. Ich gestehe, daß ich bei diesem Resultate meiner Wildsprachforschung einen wohltuend wirkenden Respekt vor mir bekam – und vor den virilen Fähigkeiten, die in mir wohnen mußten.

Und daß ich mit meiner Deutung des verdoppelten U keinem Irrtum verfallen war, bewies mir die nächste Minute. Denn als Lumaaru den hastig heranschnürenden Fuchs, den er lange schon gewittert hatte, nun auch gleich einer roten Flamme im leuchtenden Grün erspähen konnte, da hieß der säuerlich dunstende Schleicher nicht mehr Garil, sondern Garul – weil Lumaaru nun wußte, daß der Fuchs ein Rüde war. Aber es schien kein Beweis von besonderer Kraft und Entwicklung zu sein, daß Garul nur ein einziges U und dazu das L, das Zeichen seiner relativen Größe, an den Schwanz seines Namens bekam. Im Namen Lumaaru standen diese beiden Zeichen allen anderen voran. Und wahrhaftig – in menschlichen Worten ist die Verachtung nicht auszudrücken, mit welcher Lumaaru den näherkommenden Schleicher betrachtete, der gar nicht schleichen konnte, sondern törichtes Geräusch erregte und durchaus nicht »trocken« war. Auch nicht hinter den Ohren. Er troff von Wasser am ganzen Leibe und war anzusehen – die Menschen würden sagen: wie eine getaufte Kirchenmaus. Garul mußte in der dummen Angst seiner Flucht den Sprung über einen Bach hinüber zu kurz genommen haben und ins Wasser gefallen sein. – In seiner dummen Angst? Ein Fuchs? Und dumm? – Als ich noch Mensch war, nur leidlich sehen, aber weder riechen noch hören konnte, hielt ich den Fuchs für das klügste, listigste und schlaueste Tier des Waldes und traute ihm in Wahrheit die vielen feinen Dinge zu, die der schwachhörige, kurzriechende und deshalb allem Irrtum unterworfene Mensch seit tausend Jahren und länger von ihm erzählte. Jetzt aber, mit Lumaarus scharfen Sinnen, erkannte ich das Erbärmliche dieses angstverdrehten, blindrennenden und überlegungsarmen Tölpels, und deutlich sah ich den Ausdruck der Dummheit in seinem mausigen Schnüffelgesicht. Garul war mir schon so nahe, daß er die Wärme meines Körpers hätte fühlen müssen: und noch immer merkte er nichts von meiner Gegenwart, läpperte mit der schwitzenden Zunge und rannte blind.

Da stieß ich – nein – Lumaaru tat es: er stieß mit Kraft den Vorderlauf zu Boden. Das klang wie ein Faustschlag auf das Fell einer Trommel – und bedeutete: »Du! Bleib stehen und rühr dich nimmer!«

Zusammenzuckend verhoffte Garul, wie in Stein verwandelt. Er äugte mich an. Und was dabei in seinen Augen funkelte, war Bosheit, Gier nach meinem Fleische, das er sah, und galliger Ärger über seine Schwäche, die den lockenden Braten nicht erbeuten konnte. Und je mehr er sich ärgerte, um so säuerlicher roch er.

»Warum rennst du, Garul? Hast du etwas Übles gewittert?« fragte Lumaaru in seiner stummen Mienensprache.

»Warum rennst du, Garul? Hast du etwas Übles gewittert?« fragte Lumaaru ruhig in seiner stummen Mienensprache.

Zwei hastige Bewegungen des Fuchskopfes. Und das hieß: »Ich habe das Übel nicht gerochen, ich habe es gesehen.«

Lumaaru lächelte. »Dann war es keines.«

Mit grinsender Schadenfreude dachte Garul: »Du ekelhafter Fleischberg! Du Blindauge! Du Nasenprotz! Ich wünsche dir, daß du bald recht nahe zu riechen erhältst, was ich gesehen habe. Dann will ich kommen und fressen, was von dir noch übrig ist!« Er machte die Kehle lang, legte die spitzen Ohren zurück und rannte davon, wobei er die von der Nässe dünngewordene Rute hochstreckte und üble Gerüche hinter sich zurückließ.

In Verachtung sah ihm Lumaaru nach und hielt den Atem an, um Garuls boshaften Abschiedsgruß nicht empfangen zu müssen.

Bei diesem Gespräche, das ich aus der stummen Mienenrede und dem schweigenden Bilderdenken der Tiere frei in meine menschlichen Klänge übertrug, hatte ich das Erstaunliche wahrgenommen, daß alle Tiere der gleichen Klasse, so verschieden auch die Mimik ihrer Sprache scheint, einander verstehen – das Raubtier den Wiederkäuer, der Zweihufer den Fuchs. Und Sprechen und Denken ist bei ihnen ganz das gleiche; drum vermögen sie keinen Gedanken zu verheimlichen – die Tiere können nicht lügen. Was sie denken, müssen sie für sich selbst in Zeichen sagen, in Reflexbewegungen ihres Gesichtes und ihres Körpers, und dann sind ihre Gedanken auch für jedes andere, ähnlich geartete Tier verständlich, das scharf und deutlich diese leisen, feinen Zeichen gewahrt, von denen ein menschliches Auge auch bei schärfster Beobachtung nur blasse, unzusammenhängende Spuren wahrzunehmen vermag.

Ach, ihr schwachsinnigen Menschen! Was bildet ihr euch viel auf den »Vorrang« eurer geistvollen Sprache ein! Ich fragte in Hamburg einmal eine Gemüsehändlerin, wo der Hafen wäre, und die unverständliche Antwort, die ich bekam, ließ mich vermuten, daß meine brave Stammesgenossin eine Engländerin oder Dänin wäre. Und bin ich mit einem Berliner beisammen, und lasse den bayerischen Schnabel nur ein bißchen so laufen, wie er mir gewachsen ist, so fragt mein deutscher Bruder immer: »Wat haben Se jesaacht?« Ich glaube fast, daß unsere menschliche Sprache keine »geistige Errungenschaft« ist, sondern ein Trägheitsprodukt unserer schwachen Sinne, die keiner energischen Leistung fähig sind und jede Anstrengung hassen. Wir Menschen wurden Philosophen und Diplomaten, weil unsere Sprache etwas anderes ist als unser Denken – und wir wurden Lügner und Heuchler nur deshalb, weil wir nicht reden können. Wir Menschen sprechen so erbärmlich, wie wir riechen und hören. Nur *das* ist der Grund der babylonischen Sprachenverwirrung. Und da wird es keine Hilfe geben. Die Nationalitätenpest von heute ist nicht das einzige Hindernis. Das Volapük ist verschollen, und das Esperanto ist ohne lebendige Seele. Um eine Sprache zu erfinden, die alle Menschen der Erde zu verständnisfrohen Geschwistern machen könnte, dazu ist die Menschheit zu unnatürlich, zu faul, zu schwächlich, zu blind, zu taub und zu katarrhalisch. Der Weg, den die Entwicklung unserer Sprache nahm, ist verfahren. Was wir Laute, Silben, Worte und Sätze nennen, hat keinen lebendigen Zusammenhang mit dem Denken und Bilderschauen, das hinter unserem Sprechen steckt. Warum heißt mein Kopf gerade Kopf, oder head, oder tête? Will ich nicht ein bißchen den Philologen spielen und firlefanzende Sprachvergleichung treiben, dann muß ich sagen: Ich weiß es nicht. Warum ich aber jetzt im Leibe dieses schönen, gesunden, kraftvollen Tieres »Lumaaru« heiße, das weiß ich. Weil ich den Sinn dieses Namens nicht nur höre, sondern auch *sehe.* Und diesen Namen des deutschen Hirsches, der ich bin, versteht auch ein italienischer Fuchs, ein französisches Kaninchen, sogar der böhmische Löwe. Denn die ungeschriebenen Buchstaben dieses Namens sind Bilder, Werte und Eigenschaften. Die Sprache der Tiere redet nicht, sie *zeichnet.* Und ein Bilderbuch ist eine gemeinverständliche Sache. Darüber müßte einer nachdenken, der eine Menschheitssprache erfinden wollte. Das müßte eine Sprache sein, die man gar nicht zu erlernen brauchte – nicht so, wie man heut eine fremde Sprache lernt – es müßte eine Sprache sein, mit der man redet, wie man mit den Steinen eines Baukastens ein Haus, eine Kirche, oder eine Brücke baut. Man hätte nur ein paar hundert bildlicher Urlaute zu memorieren und müßte sich das Gesetz erklären lassen, nach dem man sie zusammensetzt. Dann würde jeder sofort diese Sprache sprechen, jeder ein bißchen anders, jeder nach seiner persönlichen Art, ärmer oder reicher, je nach der Beweglichkeit seines Geistes, nach Temperament und Phantasie, nach der Fülle oder Magerkeit seiner Gedanken – aber *wie* er diese Sprache auch spricht, der andere, der sie hört, würde sie immer verstehen, ob er Engländer, Türke oder Japaner ist.

Wenn ich jetzt plötzlich wieder Mensch würde und behielte von der Tiersprache nur die beiden Namen Lumaaru und Garil im Gedächtnis, so könnt' ich schon ein bißchen tierisch reden. Um ein Exempel zu versuchen – ich denke mir ein bestimmtes Tier der Erde. Dieses Tier müßte in der Sprache der Hirsche Laru heißen. Will ich seinen Proportionen noch den verdienten Respekt erweisen, so verdopple ich den Laut der Größe und sage Larul – also: ein männliches Säugetier, ein riesenhaft großes, von allen Tieren der Erde das größte. Nun gestehe, Menschenkind, ob du, auch der Tiersprache fast völlig unkundig, nicht ganz genau verstehst, welches Tier ich mit dem Namen Larul meine? Und wenn du weißt, warum der Fuchsname mit G beginnt, mit dem Zeichen für unerquickliches Parfüm – und daß der offene A-Laut das Bild für jede Äußerung des Lebens ist, so wird dir das rasch gebildete Wort Galárul – jetzt kein Name mehr, sondern ein ganzer Satz – mit aller notwendigen Klarheit erzählen, welches übelriechende Lebensgeschäft jenes größte Säugetier der Erde gerade erledigt. »Nun, Menschenkind? Verstehst du? Gib mir doch Antwort! Hörst du nicht?«

Bei dieser Frage wirbelte plötzlich etwas Unerklärliches durch mein menschliches Bewußtsein. Ich hatte ein grauenhaft ungemütliches Gefühl, spürte was Kaltes und Nasses rings um meine Glieder, sah vor meinen Füßen etwas rötlich Glimmendes, über meinem Haupte etwas endlos Stahlblaues, das tausendfältig übersät war mit funkelnden Sternen, nein, mit den schönen, lebhaft schimmernden Augen unzählbarer Hirschkälber, die auf der Himmelsalpe weideten – und während ich dieses Unbeschreibliche schaute, klang in weiter Ferne von mir eine Rätselstimme: »*Was* moanen S', Herr Dokter? I hear Eahna allweil reden und versteh' net, was S' mer sagen! Herrgottsakra, *was* moanen S'? Soll i ebba die Gluat wieder aufblasen im Schnee und Fuier machen?« Und während diese mystische Stimme tönte, empfand meine scharfe Wildnase eine penetrante Witterung, die mich die Nähe eines Menschen besorgen ließ. Ich wollte seinen Namen aussprechen, aber ich mußte immer sagen: »Ga, ga, ga . . .«

O heiliger Himmelshirsch! Was ist denn los? Bin ich denn verrückt? Dieses schaudervolle ga, ga, ga war doch nicht meine Stimme! Das war der aufgeregte Schrei eines Raben, der mit jagendem Flug über die in der Abendsonne singenden Wipfel der Bäume hinschoß. Und jetzt ein Laut, so scharf und grell, wie das Signal einer Dampfpfeife. Und dieser Laut schrie deutlich: »Fliiiiieh! Fliiiiieh!« Es war die Stimme des großen Spechtes, meines guten Freundes, meines treuen Warners. Freilich, er war ein bißchen ängstlicher Natur und warnte manchmal ohne Überlegung. Das wissen auch die Vögel, die seine Stimme noch besser verstehen als ich. Lärmte er heut ohne zureichenden Grund? Denn die vielen kleinen Vögel in meiner Nähe blieben ruhig und vergnügt. Und sie haben doch Augen, die schärfer sehen als die meinen. Und die Vögel hören auch noch besser als ich. Wäre im Walde, was nicht in den Wald gehört, so könnten die Bafáki (die kleinen, lieblichen Schönlautvögelchen) nicht so vertraut und heiter bleiben! Diese Erwägung machte mich wieder ruhig – doch nicht ganz. Denn Lidatak (der mittelgroß Geflügelte, der seine Nahrung aus dem Baume herausklopft) hatte heute genauso gewarnt, wie er zu warnen pflegte, wenn ein Gágaz im Walde war! – Gágaz? – Als Lumaaru diesen Namen dachte, verstand ich nicht klar, welches Tier er meinte. Ich verstand nur: ein Kriechtier (az), ein ungeflügeltes Insekt, eine Laus, eine, die grauenhafter stinkt als jedes andere übelriechende Ding. Welches Tier konnte Lumaaru nur meinen? Ich kenne alle Tiere des Bergwaldes. Alle! Und keines paßt zu diesem Namen. Doch ich konnte diesem Rätsel nicht länger nachsinnen, denn Lumaarus Gedanken gingen weiter.

Er dachte daran, daß auch Oltak (der Schwarzgeflügelte, der Vogel der langen, leblosen Zeit) immer dieses entsetzliche ga, ga, ga – »Gestank ist los!« – erschallen ließ, so oft er einen Gágaz nur von ferne gewahrte. Und Garuls dumme, blinde Flucht?

Ich blähte die Nüstern auf und trank die Sprache der hundertfältigen Düfte, die mir entgegenströmten. Alle schied ich sie voneinander und fand unter ihnen keinen

Hauch vom Übeldufte des mir Widerlichen. Und weil ich der Herr und die Krone des Lebens, das klügste von allen Tieren bin, traute ich meiner eigenen Weisheit mehr, als Garuls dummer Feigheit und Oltaks lächerlicher Angst vor der stinkenden Kriechlaus.

Meine Sorge schwieg. Ich spähte zur Höhe. Da droben war noch immer die glühende Helle. Und meine kleinen grauen Freundinnen im purpurnen Dunkel des hohlen Baumes hingen noch in festem Schlummer. Da wird's noch eine Weile währen, bis Hal erscheint – die ausgewachsene, reif werdende Zeit des Lebens – der Abend, den ich liebe.

Mich zweimal drehend, tat ich mich wieder zur Ruhe nieder. Ein paarmal wechselte der Strom der Düfte, die Nähe Hals verkündend; das grelle Feuer über den Häuptern der ruhig plaudernden Bäume wurde sanfter; doch je mehr der kühle Schatten mich erquickte, um so heißer begann in mir die Sehnsucht nach der grünen Freude zu brennen. Geduld! Nur noch ein Weilchen! Sei verständig, mein Näslein! Du brauchst den wachsenden Fliegenschreck, der immer schärfer aus dem hohlen Baume dunstet, nicht mehr lange zu ertragen! Dann werden die bösen geflügelten Stechläuse vor der wohligen Kühle und der Schönheit Hals erschrecken und sich verkriechen. Und meine süße Freude kommt! Und Hala wird mir ruhiges Genießen schenken, das keine Sorge kennt – Hala, die Krone der ausgereiften Zeit, das Leben des Lebens, die purpurne Nacht! Und wenn sie schlafen geht, wird Haf, ihr liebliches Kindchen, lächelnd mit schönen Farben durch die Heimat meines Lebens schreiten und mir winken, daß ich ruhen soll.

Was war das? Ich hatte mit jähem Zuck das Haupt erhoben. Doch meine Sorge war schon wieder in Gleichmut verwandelt. Das leise, flinke Pochen, das ich hörte, war der hurtige Trippelschritt Fimaares. Ein Jüngferlein meines edlen Geschlechtes, halb noch ein Kindchen, halb schon ein reifendes Weib!

Zwischen den Bäumen erschien die schlanke, feine, zierliche Tiergestalt, mit Läufen wie aus Erlenzweigen, den lieblichen Körper noch ganz umhüllt vom Sammet des grauen Winterhaares – wie ein zartes Mädelchen, das auch zur Frühjahrszeit noch einen warmen Pelz trägt, wenn es an kühlem Abend die Oper besucht. Ich sagte: zart? Das soll nicht bedeuten kränklich. Denn Fimaare war ein stramm gesundes, kräftiges Dingelchen, dessen Bild an keine Not des munter überstandenen Winters erinnerte. Das kleine Fräulein schien nur ein bißchen aufgeregt, schien nicht recht zu wissen, wohin es wollte – und als es mich großen Herrn gewahrte, da erschrak es, hatte eine ratlos scheue, fast gedankenlose Frage in den milden, traumhaft keuschen Augen – und stob davon, wie gejagt von einer unerklärlichen Angst.

Wie schön war dieses junge, jungfräuliche Tier! Alles, was in mir noch Mensch war, ließ mich diesen Zauber des Lebens fühlen, diese Schönheit lieben. Und dennoch war in mir dieses Wunderliche – diese kühle Ruhe, diese Gleichgültigkeit der Sinne, diese absolute Stille des Blutes, die ich nicht verstand. Lumaaru? Bist *du* es, der so kalt empfindet? Hat junge Schönheit kei-

nen Reiz für dich? Weckt blühende Weiblichkeit in dir auch nicht den leisesten der Wünsche? Ist dieses Stille ein Ergebnis deines Alters? Nein! Als Jäger weiß ich doch: je älter ein Hirsch, um so kraftvoller ist alles Männliche seines Lebens! Und du prahlst ja damit in deinem Namen: Lu, und *noch* ein U *dazu*! -- Lumaaru! Unbegreiflicher! Sollte dieses Undenkbare möglich sein: daß *du*, ein Tier, an Blut und Sinnen reinlicher bist, als wissende Menschen sind? Daß *du*, ein Tier, viel höher wertest an moralischen Qualitäten als jener berühmte Josef in Ägypten – denn dieser keusche Josef *wußte* doch, warum er davonlief und den Mantel opferte? In dir aber fühl' ich weder Wunsch noch Wissen. Sag', Lumaaru, wie ist dieses heilige Wunder möglich: daß du, der Mann von hundert Weibern und der Vater von hundert Kindern, mit jedem Frühling wieder so rein, so blutstill und so wunschlos wirst, wie es unter Menschen nur ein unreifer Knabe ist, der nicht weiß, was Unschuld heißt, weil er vom Gegenteil noch keine Ahnung hat.

Beim Anblick dieser jungen, weiblichen Schönheit regte sich in Lumaaru nur die einzige Frage: »Warum rennt sie so verdreht?« Dann kam die Beschwichtigung: »Na ja, so ein dummes, ungeduldiges Mädel! Hungert, und rennt, und kann für die köstlichen Dinge des Lebens die rechte Zeit nicht erwarten!« Sonst dachte Lu-

Zwischen den Bäumen erschien die schlanke, feine, zierliche Tiergestalt.

maaru *nichts.* Nicht das Geringste! Und nun sucht mir unter den jungen und alten – nein, von den alten will ich schon gar nicht reden – sucht mir unter den jungen Menschenmännern, die von den Süßigkeiten des Lebens schon einiges wissen, jenen heraus, den ihr für den besten und reinlichsten haltet – und stellt ihn allein in einen schattenstillen, von aller menschlichen Konvention entfernten Wald, und schickt ihm da ein junges, blühendes, reizvolles Mädel einsam entgegen! Ich will nicht bezweifeln, daß der junge, wohlerzogene Mann sich völlig honett und tadellos betragen wird ... aber ich schwöre und wette doch: er *denkt* sich was! Lumaaru dachte nichts von dem, was man »dergleichen« nennt. Er war ein Mann, ein Held von unzählbaren Schlachten der tobenden Leidenschaft – und war doch ohne »Wissen« und fühlte wie ein keusches Kind. Nun sagen mir freilich die Zoologen, das wäre nicht Tugend und Moral an ihm, nicht sein Verdienst, nicht Selbstbeherrschung und ethische Erziehung, nur ein tyrannischer Zwang der Sparmutter Natur, die im Leib der Hirsche nach Schluß der Paarungszeit alle Brunnen des zärtlichen Begehrens fest verschließe und die abgelenkten Quellen zur Bildung des neuen Geweihes verwende, so daß der Hirsch von der Stunde an, in der ihm der verjüngte Jahresschmuck seines Hauptes zu sprossen begänne, als Mann ein reiner Tor und gänzlich wunschlos würde. Mir leuchtete diese Weisheit der gelehrten Herren nicht völlig ein; denn als Jäger hab' ich da so mancherlei Beobachtungen gemacht, die dieser Hypothese widersprechen. Mit Sicherheit weiß ich nur, daß die Sache bei den Menschenmännern gerade umgekehrt ist. Denen sprossen die Geweihe, wenn sie vorerst kindersanft und wunschlos wurden; zuweilen auch schon früher. Aber wie das Ding nun bei den Hirschen auch liegen mag – ob die Reinheit ihrer Sinne das Werk ihres gesunden Willens zum Leben ist, oder eine wundersame Praktik der Natur, die alle Werdensquellen konzentrieren und gesunde, kraftvolle Kinder bilden will – so oder so, diese vierzig Wochen währende Keuschheit des von Kräften und Säften strotzenden Mannes Lumaaru ist etwas Kostbares, Herrliches und Beneidenswertes. Wäre doch das auch bei uns Menschen so! Um wie viel höher würde unser Leben werten, wenn wir jährlich soviel Zeit und Kraft ersparen könnten, um sie im Dienste der Menschheit nützlicher zu verwenden. Wir könnten lange schon mit den Marsbewohnern korrespondieren, und hätten schon alle Lebensrätsel gelöst – bis auf die letzten sieben, die unlösbar scheinen. Was wären Kraft und Ruhe für uns! Güter des höchsten Glückes! Und wie würden die Augen unserer Kinder leuchten! Wie ihr Herz und ihre Wangen strotzen von gesundem Blute! Mensch, was wärst du, wenn du keusch sein könntest wie ein Tier!

Vor Jahrmillionen, Mensch, da war es wohl auch bei dir einmal so ähnlich eingerichtet: drei Wochen keuscher Freiheit und *eine* Woche seligtrunkener Sklaverei im Dienste der Natur. Aber dir zum Unglück entwikkelten sich deine Karpfenflossen von einst zu gefingerten Händen, mit denen du es lerntest, die Mutter Natur ins Gesicht zu schlagen und die Gängelbande zu zerreißen, mit denen sie dich führte. All ihre guten und gesunden Gesetze verdrehtest du für dich ins Gegenteil – das nanntest du: Kultur – und das Große, Ewige und Heilige der Liebe hast du verwandelt zu einer Pfeffermühle deiner Kraft, zu einem Stundenfresser deiner Tage und Nächte, zu einer Suhle deiner Gedanken, zu einem Lebensmord, zu scheußlicher Gewohnheit, zu einer Sache, nicht wertvoller als der Kognak, das Senfpflaster und die Zigarette. Kein Wunder, daß du übelriechend wurdest für die reinliche Nase eines gesunden Tieres. Und was gewannest du? Du kannst beweisen, daß zweimal zwei nicht fünf ist. Und kannst mit einiger Wahrscheinlichkeit behaupten, daß ein fallender Stein der Schwerkraft folgt. Kannst Götter morden und Götter erschaffen. Einen Himmel zertrümmern und Höllen bevölkern. Und wenn du ein Klügster unter den Klugen bist, so kannst du den Übermenschen ersinnen und dabei in jammervollen Briefen schreiben: »Mich quälen schreckliche Schlaflosigkeiten, Hämorrhoiden, Darmentzündung, Magenkatarrh, Kopfschmerzen und vieles Übergeben . . . von elf Tagen acht Anfallstage, fünf davon im Bette . . . das steife Sitzen ist für meinen Rükken eine unbeschreibliche Quälerei . . . beständiger Schmerz im Kreuz mit einer Ausstrahlung nach der rechten Hüfte zu.« Weh dir, daß du ein kluger Enkel jener törichten Ahnen bist, die den Menschen »erhoben« und die Natur erniedrigten!

Was war das? Ich sprang mit einer blitzenden Bewegung meiner Kraft vom Boden auf – ich »alter Herr«! Ihr weißhaarigen Greise der Menschen! Ich bin ein

Greis wie ihr, der Senior unter den Hirschen meiner grünen Welt!

Versucht es doch einmal, von eurer Ofenbank oder aus eurem Klubsessel so aufzuspringen, wie *ich* aus meiner Ruhe emporschnellte, als ich diese jagenden Sprünge im Wald vernahm! Ich wußte gleich: das war Temaare, die Mutter, mit ihrem jährigen Fimaarju, dem schon die Höckerchen des Knabenschmuckes zu sprossen begannen.

Das Weib erschien, mit langen Fluchten heraufjagend durch den steilen, schon ganz von zärtlichem Schatten umwobenen Wald. Leichtfüßig sprang das zierliche Söhnchen neben der Mutter her, die schwer an der Bürde ihres neuen Kindes trug. Ihre Flanken pumpten, und ihr Äser klaffte im Durst des Atems; ihr Hals war rot, schon in die Mode des warmen Frühlings gekleidet – ihr Leib noch grau, sein Pelz zerfasert, als wären Motten hineingekommen. Die Kontraste dieses Bildes wirkten ein bißchen komisch; und dennoch war's ein »stattliches Weib«, wie der Deutsche zu sagen pflegt, eine Ehrfurcht gebietende Mutter. Und, als rechte Mutter, von Sorge ganz verzehrt, von Kummer gepeinigt, von Ängsten gejagt! Der Blick dieses Muttertieres, das junges Leben führte und junges Leben trug – an welche guten, lieben Augen erinnerte mich nur dieser verstörte Blick? Und neben dieser heißen, rasenden Sorge sprang das kleine nette Bürschlein her, angstlos und vergnügt, weil es sein junges Leben sicher wußte im Schutze dieses keuchenden Mutterleibes, der es geboren hatte. Leben! Wie viele Gesichter hast du?

Ich glaube: nur ein einziges, das wahr und ewig ist – das Muttergesicht! –

Lumaaru, der fliehenden Mutter einen Sprung entgegen machend, dachte eine stumme Frage. Temaare verstand; und ohne die keuchende Flucht zu unterbrechen, gab sie mit angstvoller Verzerrung der Nüstern die stumme Antwort: »Gagaz, gagaz, sowa dal! – die fürchterliche Stinklaus kriecht auf allen Wegen des Waldes!« Noch jagender wurden ihre Sprünge – und da war sie schon verschwunden.

Lumaaru gönnte ihrem Wege keinen Blick mehr. Die Furcht dieses fliehenden Weibes brachte ihn nicht aus seiner überlegenen Ruhe. Er stand wie aus Erz gegossen, lauschte mit vorgelegten Lusern gegen die Tiefe des Waldes, spähte und windete. Und dachte nur an sich selbst, wollte sich hüten vor jeder Gefahr, sich jeden Ekel ersparen, und dennoch sein Wohlbefinden mit keinem Sprung bezahlen, der überflüssig und töricht war. Was kümmerte ihn der Weg dieser von Angst gepeitschten Mutter!

»Lumaaru? Kennst du denn dieses Weib nicht? Und kennst du nicht dieses Kind?«

Er gab keine Antwort – weil er die Frage gar nicht hörte, die mein menschliches Empfinden in ihm schrie. Doch ich fühlte das mit *seinen* Sinnen: daß er diese Mutter kannte, und daß er wohlbegründete Ursach' hatte, sich als Vater dieses jungen Blutes zu betrachten. Und dennoch rührte sich in ihm kein Schimmer von jenem köstlichen Empfinden, das wir Menschen die Vaterliebe und die Gattensorge nennen.

Lumaaru! Unbegreiflicher! Seit ich in dir wohne, mißfällst du mir zum erstenmal! Du Mann der Männer! Sieh dieses Weib! Das mit seinem Leib dir süße, trunkene Freude gab, schon fünfmal in der rauschseligen Rotzeit, in jedem Herbst drei schöne Nächte lang! Und nicht nur Liebe gab sie dir – sie sorgte sich um dein Wohl und bewachte die Sicherheit deines Lebens, während du blind und trunken vor Leidenschaft warst und in deiner Wonne brülltest, um alle Jäger der Welt herbeizugrölen! Hast du das alles vergessen? Und ist in dir nicht die leiseste Regung von Dankbarkeit? Du, der Kluge, der Erfahrene – fühlst du es nicht als deine Pflicht, jetzt Gutes mit Gutem zu vergelten, dieses fliehende Weib zu schützen, seine Wege zu leiten? Doch nein – ich vergesse, ich tue dir unrecht, du bist kein Schuldiger! Du bist in der Zeit, in der die Sprossen deines Geweihes wachsen. Da bist du der reine Tor, das Ideal der Keuschheit – da *kannst* du gar nicht fühlen, daß dieses fliehende Geschöpf ein Weib ist, und daß es dein *eigenes* Weib gewesen. Alle zärtliche Sorge ist eine Schwester neuer Wünsche. Du aber *darfst* nicht wünschen. Drum mußt du sorglos sein, gleichgültig, fremd und kalt. So will es die Natur – sagen die Zoologen. Und wenn du Liebe genossest, bist du durch ein Naturgesetz verpflichtet, den Dichter des »Handschuh« zu korrigieren und zu sagen:

»Den Dank, Dame, begehre nicht!« Wenn die Natur das so für richtig hält – um Schöpferkräfte zu sparen, Schöpferkräfte durch Konzentration zu steigern –, dann ist, was Treue heißt, eine ungesunde Erfindung der von den Brüsten der Natur entwöhnten Menschen, und was wir Ehe nennen – jene ehrwürdige Institution, in der sich alles Konzentrierte durch gewohnheitsmäßige Abnutzung vertrödelt und verdünnt – ist ein widernatürliches Verbrechen gegen den zielbewußten Willen der Ewigkeit.

Was schmerzt mich in tiefster Seele? Daß ich denken muß, was mir wider die menschliche Art und Gewohnheit geht? Und daß ich dennoch an der Klugheit der Natur nicht zweifeln kann? Doch da dämmert in mir ein tröstender Gedanke. Natur! Wenn du aus wohlerwogenen, seit Jahrbillionen erprobten Gründen die Treue nicht willst, so willst du unentwegt doch immer dieses eine: *das Kind!* Die neue Blüte des Lebens! Des Lebens Ewigkeit! Und willst du das Kind erhalten, so mußt du wollen, daß das Leben des Kindes geschützt wird. Wer aber wäre des Kindes bester Beschützer, wenn nicht der kluge, starke, lebenserfahrene Vater? Oder bist du anderer Meinung, Natur? Denn die Väter deiner Tierkinder kennen die Vaterliebe nicht – oder nur in einem schwächlichen Abklatsch von dem, was Vaterliebe bei den Menschen heißt. Natur! Ist dieses menschliche Süße *gegen* deinen Willen? Sagst du in deiner ewigen Weisheit: »Ich brauche den Vater nur für drei Sekunden, für alles Weitere ist er überflüssig, denn besser als der stärkste Vater schützt mir die schwächste Mutter mein Kind. Und wenn du glaubst, du gedankenkrankes Menschlein, ich hätte mich in der Bildung meiner tierischen Väter vergriffen und geirrt, so betrachte die Mütter meines ewigen, unendlichen Reiches. Sie alle tragen das gleiche Gesicht des Herzens, sie alle sind ähnliche Schwestern in den Kräften ihrer Liebe, ihres Opferwillens, ihrer Zärtlichkeit, ihres Selbstvergessens und ihrer ruhelosen Sorge – die Mutter Raffaels, wie die Mutter einer Wanze. Das Erzeugen ist ein Spiel, eine Sache, die sich ohne Mühe findet. Erschaffen und ernste Lebensarbeit ist nur das Gebären. Und Mutter werden ist Vernichtung.« Sprichst du so, Natur?